Paul König

Frei vom verklemmten Erbe

Paul König

Frei vom verklemmten Erbe

Warum viele Christen so wenig von gutem Sex verstehen – und wie sich das ändern kann

1. Auflage 2013

Umschlaggestaltung: joussenkarliczek, Schorndorf
(unter Verwendung eines Fotos von © chelloveck/istockphoto.com)
Satz/DTP: Jens Wirth
Druck: cpibooks
Printed in the EU

ISBN 978-3-940188-65-6
Bestellnummer 147465

Für kostenlose Informationen über unser umfangreiches Lieferprogramm an christlicher Literatur, Musik und vielem mehr wenden Sie sich bitte an:

Asaph, Postfach 2889, D-58478 Lüdenscheid
asaph@asaph.net – www.asaph.net

Inhaltsverzeichnis

Vorwort des Autors 7

Kapitel 1: Unser verklemmtes Erbe 11

Kapitel 2: Die Geschichte der Prüderie....................................... 23

Kapitel 3: Christen und Sex – ein Sinnbild für Inkompetenz 39

Kapitel 4: Warum die Porno-Welle die Christen voll erwischt hat.... 49

Kapitel 5: Ein weitverbreiteter Seelsorger-Irrtum....................... 59

Kapitel 6: Wie guter Sex aussehen kann: das Hohelied.............. 65

Kapitel 7: Eine Botschaft nur für Männer.................................. 77

Kapitel 8: Eine Botschaft nur für Frauen.................................... 84

Kapitel 9: Das Paulus-Prinzip oder: Das am meisten ignorierte Bibelwort im Neuen Testament 93

Kapitel 10: Dein Problem ist mein Problem 101

Kapitel 11: Zweierlei Maß 107

Kapitel 12: Und jetzt? 116

Ausblick 128

Anhang: Zwei Checklisten 135

Quellennachweis 138

Vorwort des Autors

Kann man denn über ein solch intimes Thema ein Buch mit dem Anspruch der Allgemeingültigkeit schreiben? Man kann. Man muss es sogar, wenn Gott einem keine Ruhe lässt. Oder wenn man sieht, dass entscheidende biblische Wahrheiten in weiten Teilen der Christenheit schlichtweg ignoriert werden oder unterbelichtet sind.

Aber gibt es denn keine wichtigeren Themen, mit denen ein Christ sich beschäftigen sollte? Doch, auf jeden Fall! Sex ist die „schönste Nebensache der Welt“. Das soll er auch bleiben. Gleichzeitig darf man jedoch die Wichtigkeit dieser Nebensache nicht unterschätzen. Sowohl eine erfüllte als auch eine problembehaftete oder vernachlässigte Sexualität wirken sich auf die ganze Beziehung eines Paares und auf fast alle Lebensbereiche eines Menschen aus. In diesem Buch kann ich natürlich nicht auf jeden einzelnen dieser Aspekte eingehen. Ebenso wenig will ich eine theologisch-theoretische Analyse abliefern, was Sexualität ist und was nicht. Vielmehr möchte ich sehr praktische und augenöffnende Hinweise aus der Bibel geben und so diese schönste Nebensache mit vielen Anregungen und Tipps beleuchten.

Stichwort „beleuchten“: Dieses Buch erhebt keinen Anspruch darauf, alles Bisherige zu ersetzen – im Sinne von „Vergiss alles, was du bisher an Literatur zu diesem Themenbereich gelesen hast“. Nein, es versteht sich als Ergänzung, als Scheinwerfer auf einen Teilbereich, der bisher allzu oft im Dunkeln blieb – vielleicht, weil er als zu herausfordernd oder zu ungeheuerlich empfunden wurde. Vielleicht auch, weil man mehr auf moderne Methoden und Erkenntnisse vertrauen mochte als auf die Bibel. Ich setze diesen Scheinwerfer, weil ich festgestellt habe, dass christliche Paare oftmals grundlegende biblische Anleitungen nicht kennen – und dabei in Schwierigkeiten geraten.

Im Verlauf des Buches illustriere ich das Thema mit einigen Beispielen aus dem Leben von Menschen, mit deren Schicksalen ich in Berührung gekommen bin. Naturgemäß sind diese Berichte sehr persönlich, sodass ich es vorgezogen habe, unter einem Pseudonym zu schreiben. Ich tue dies nicht in erster Linie für mich, sondern um die Betroffenen sowie deren Umfeld vor unqualifizierten Reaktionen zu schützen. Ansonsten kann sich der Leser (den ich als Mitglied der Familie Gottes mit „du“ anreden werde) sicher sein, dass nur der Name des Autors nicht stimmt. Der Rest ist die reine Wahrheit – zum Teil eine erschreckende Wahrheit.

Apropos Mitglied der Familie Gottes: Dieses Buch ist für Christen gedacht. Und da der Begriff „Christ“ heutzutage vielfach unscharf verwendet wird, stelle ich klar: Ich meine damit Menschen, die ihr Leben in einer bewussten Entscheidung Jesus Christus anvertraut haben. Ein Christ im biblischen Sinne ist ein Christusnachfolger – jemand, der sein Leben an der Bibel ausrichten und Jesus immer ähnlicher werden will. Das heißt, ein Christ ist sich seiner Unvollkommenheit und seines Bedarfs an göttlicher Vergebung bewusst. Wer sich hier nicht ganz sicher ist, dem empfehle ich die überkonfessionelle Webseite *www.gottkennen.de*. Dort kann man auf einer interaktiven Reise mehr über Gott erfahren.

Ich selbst komme aus dem freikirchlichen Umfeld. Deshalb benutze ich zum Beispiel eher Begriffe wie *Gemeinde* statt Kirche, *Pastor* statt Pfarrer oder *Ältester* statt Kirchenvorsteher oder Presbyter. Störe dich gegebenenfalls nicht daran, sondern übertrage das, was du liest, auf deine persönliche Situation. Ob du dieses Buch mit Gewinn lesen wirst, ist vollkommen unabhängig von deiner Konfession. Es ist in erster Linie abhängig von deiner Offenheit und Unvoreingenommenheit. Und egal, ob du evangelisch, katholisch oder freikirchlich bist: Stell dich darauf ein, dass sich jede dieser Richtungen in diesem Buch kritische Anfragen gefallen lassen muss. Denn sie alle haben über Jahrhunderte hinweg auf unterschiedliche Weise unser verklemmtes Erbe geprägt.

Unnötig zu betonen, dass auch ich nicht „die Weisheit mit Löffeln gefressen" habe. Ich bediene mich in erster Linie des Wortes Gottes, aus dem allein ich echte Weisheit beziehen kann. Gleichzeitig schaue ich zurück auf eine lange Erfahrung als Verantwortlicher in einer Ortsgemeinde, als Berater und Prediger, als Ehemann und Familienvater. Auch als Ehe-Seelsorger und Ehe-Beseelsorgter sowie als Schriftsteller und Publizist konnte ich Erfahrungen sammeln. Zuallererst aber blicke ich auf eine lange Zeit als Christ und Leiter zurück, in der ich viel lernen durfte und zudem viele Prägungen, Kirchen, Gemeinden und Einzelschicksale kennengelernt sowie unzählige Seminare und Weiterbildungen gegeben und genossen habe. Trotzdem gilt auch für mich das, was Paulus in Philipper 3 in einem anderen Zusammenhang so ausdrückt: *„Nicht, dass ich es schon ergriffen habe oder schon vollendet bin; ich jage ihm aber nach, ob ich es auch ergreifen möge, weil ich auch von Christus Jesus ergriffen bin."*

Lass uns also gemeinsam auf die Suche gehen. Denn es gibt viel Erstaunliches zu entdecken – mehr, als du vielleicht bis jetzt zu träumen gewagt hast.

Paul König

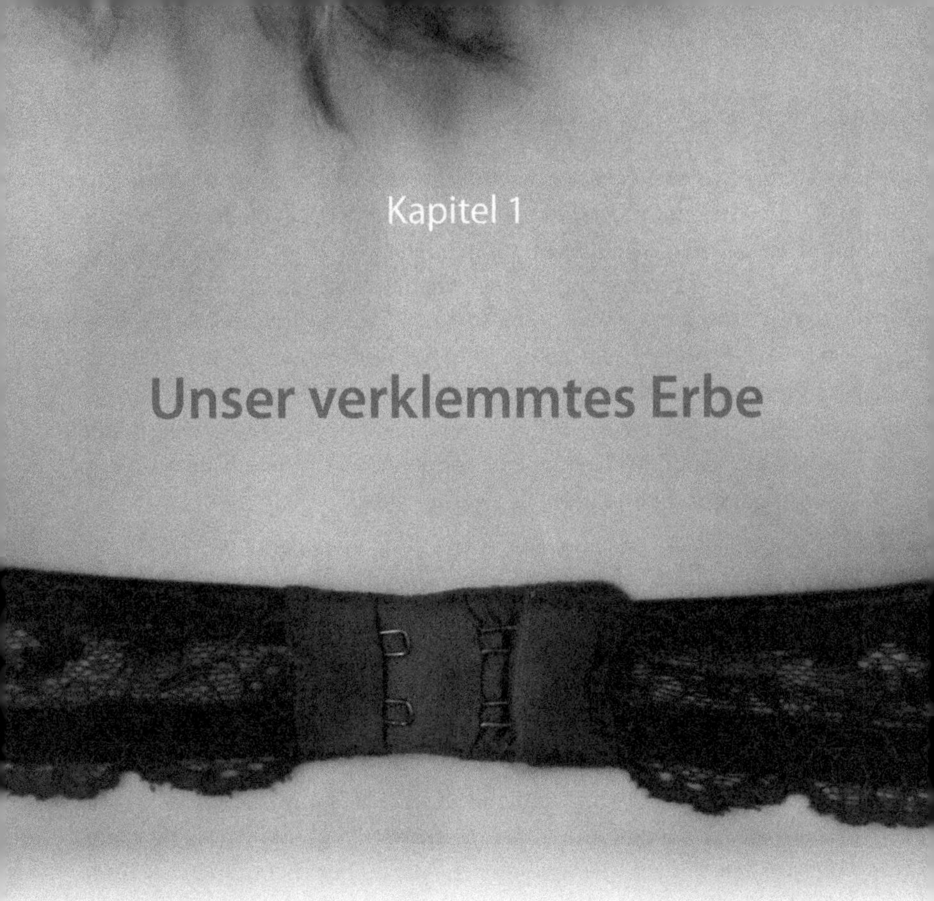

Kapitel 1

Unser verklemmtes Erbe

Stell dir einmal folgende Situation in einer christlichen Gemeinde vor: Ein junges Paar will heiraten. Eines Sonntags kommen sie in der Gemeinde nach vorn und geben Folgendes bekannt: „Wir wollen ja in Kürze heiraten. Einen Ehe-Vorbereitungskurs haben wir schon gemacht und als sehr hilfreich empfunden. Doch wer könnte uns beim Weg in die Ehe begleiten, sozusagen als Coach? Man muss doch nicht jeden Fehler selbst machen, sondern kann aus den Erfahrungen anderer lernen. Wir suchen deshalb ein erfahrenes Ehepaar, mit dem wir uns gerade in den ersten Ehemonaten regelmäßig treffen und austauschen können. Wir wollen über alles sprechen, was Ehe ausmacht: über gegenseitiges Verstehen, Herzensaustausch, Freizeitgestaltung, die Tücken des Alltags – und auch über Sex und Erotik. Wir wünschen uns offene, ehrliche Gespräche und Tipps und Tricks aus eurer Ehe-Erfahrung. Wer wäre dazu bereit?“

Nun – welche Reaktion würdest du in deiner Gemeinde erwarten? Würden die erfahrenen Ehepaare gleich die Köpfe zusammenstecken und absprechen, wer diesem jungen Paar weiterhelfen kann? „Ginge das vielleicht diesmal bei euch? Wir haben schon ein Paar, das wir gerade betreuen, das wird uns sonst zu viel in diesem Jahr." „Aber ja – kein Problem, wir sind gerade frei dafür. Aber vielleicht haben Müllers, Meiers oder Schulzes auch Interesse?" Und nach vorne gerichtet: „Ihr beiden – wir treffen uns nach dem Gottesdienst hinten am Büchertisch. Da besprechen wir dann, wer für euch am besten in Frage kommt. Schön, dass ihr danach fragt!"

So oder ähnlich wäre doch die Reaktion in deiner Gemeinde – oder etwa doch nicht? Du fürchtest, dass auf die Frage der jungen Eheanwärter vielleicht nur betretenes Schweigen zu hören wäre, verbunden mit einer blitzartig auftretenden „Oh wie peinlich"-Atmosphäre? Du könntest dir auch gar nicht vorstellen, wer von den erfahrenen Ehepaaren dazu bereit wäre? Vielleicht würde auch alles zum Pastor und seiner Frau schauen: Er ist doch der Profi. Soll er sich doch um die jungen Leute kümmern, schließlich wird er dafür bezahlt. Aber wie es bei uns in Sachen Ehe, Kommunikation, Sex und Erotik aussieht, das wollen wir mit diesem jungen Paar lieber nicht teilen … Ende des Gedankenprotokolls.

Du vermutest, deine Gemeinde eher in der zweiten Beschreibung wiederzufinden? Willkommen im Club. Und weil man das in der Regel bereits spüren kann, ist es schon unrealistisch genug, dass ein Paar wie das in unserem fiktiven Beispiel überhaupt nach vorne käme, um so etwas zu fragen. Denn wer will sich schon lächerlich machen und für peinliche Situationen sorgen?

Es ist schon ein Jammer, was in vielen christlichen Gemeinden zum Thema Sex geboten oder eben nicht geboten wird. Wobei die Thematik allerdings nicht vollends totgeschwiegen wird. Schon längst setzt man sich vielerorts nicht mehr dem Vorwurf der Leibfeindlichkeit aus. „Sex ist eine gute Gabe Gottes, und die ist im schützenden Rahmen der Ehe am besten aufgehoben" – so oder ähnlich hört man es vielfach in christlichen Kreisen. Geht es dann aber in die Praxis, sehen sich die Menschen alleingelassen. Denn seit Urzeiten, so möchte man meinen, haftet der Materie unter Christen der Geruch des Reiz- und Tabuthemas an, das man besser nicht zu offen angeht. Wie eine undurchdringliche Mauer scheint die Christen etwas davon abzuhalten, Gottes Willen zu seiner Erfindung „Sex & Erotik“ herauszufinden.

Woraus besteht diese Mauer? Ich nenne es „unser verklemmtes Erbe“. Ein ungöttliches Erbe, das biblische Sex- und Erotikanleitungen seit Jahrtausenden verhüllt, diskreditiert, umdeutet oder verschweigt. Ein Erbe, welches dafür sorgt, dass viele Christen so wenig von gutem Sex verstehen. Ein Erbe, das aber gerade von ihnen offenbar am willigsten akzeptiert, gepflegt und weitergereicht wird. Und ein Erbe, das wir, so finde ich, schnellstens loswerden sollten – je früher, je besser.

In diesem ersten Kapitel möchte ich mich mit einigen einleitenden Grundaussagen zu diesem verklemmten Erbe beschäftigen. Aussagen, die enorm wichtig sind für Heilung, Freisetzung und die Rückkehr zu den größtenteils unbeachteten biblischen Normen.

1. Das verklemmte Erbe hat eine lange Geschichte …

… und diese Geschichte prägt das Gesicht der heutigen christlichen Kirche und Gemeinde wie kaum eine andere Fehlentwicklung. Wer also diese Prägung durch Verklemmtheit und Leibfeindlichkeit besiegen und loswerden möchte, sollte zunächst ihre Ursprünge, ihre Mechanismen und deren Auswirkung bis in die heutige Zeit hinein verstanden haben. Aus diesem Grund widme ich die beiden folgenden Kapitel der Geschichte der Prüderie und der Frage, warum Christen in Sachen Sex zu einem Sinnbild für Inkompetenz geworden sind.

2. Verklemmtheit beginnt mit der Erziehung

Ein entscheidender Punkt! Wer trägt für die Kindererziehung in erster Linie die Verantwortung? Nicht der Kindergarten. Nicht die Schule. Nicht die Gemeinde. Es sind die Eltern. Obwohl auch alle anderen genannten Institutionen Einfluss nehmen, sind doch die Eltern von Anfang an nicht nur die Erziehungsberechtigten, sondern auch die Erziehungsverantwortlichen. Das gilt auch und gerade für die Sexualerziehung. Diese Erziehung wirkt beim Kind prägend für das weitere Leben und die Sicht über Sexualität. Kommt es hier zu Verbiegungen, dann hat das besonders weitreichende Konsequenzen, denn die Bedeutung der Eltern-Kind-Beziehung ist mit nichts vergleichbar.

Die Tragik, mit der Christen sich auseinandersetzen sollten: **Durch die über viele Jahrhunderte bestehende Verknüpfung von Leibfeindlichkeit und Christentum wurde christliche Erziehung allzu oft zum Multiplikator des verklemmten Erbes.** Soll man deswegen christliche Erziehung ablehnen? Oder machen Nichtchristen alles richtig? Keineswegs. Was ich damit ausdrücken will, ist, dass die verklemmte Erziehung mit vermeintlich christlichem Hintergrund in genau diesem Bereich – Ehe, Partnerschaft und Sex – negative Früchte trägt. Durch eine christliche Erziehung sollen Kinder früh mit guten, biblischen Werten vertraut gemacht werden: Ehrlichkeit, Aufrichtigkeit, Wahrhaftigkeit, Respekt, Freundlichkeit, Selbstannahme und vielem mehr. Sie sollen schon früh im Kindergottesdienst von der Liebe Gottes zu ihnen erfahren und sich dafür entscheiden können, ihr Leben Jesus anzuvertrauen. All dies sind gute Dinge. All dies gehört zu den Privilegien einer christlichen Erziehung, zu einem guten Erbe, das sich weiterzugeben lohnt. Aber es neutralisiert nicht das verklemmte Erbe, das für Ehe und erfüllten Sex untauglich macht.

Um das zu illustrieren, lass uns doch mal mit fünf einfachen Fragen überprüfen, wie *deine* Sexualerziehung ausgesehen hat.

1. Wurde zu Hause
   a. offen und natürlich über Sexualität gesprochen oder
   b. war das Thema ein Tabu?
2. Wurdest du
   a. von deinen Eltern aufgeklärt und hat das Gespräch darüber allen Spaß gemacht oder
   b. wäre das so undenkbar gewesen?

3. Hast du bei deinen Eltern
   a. gegenseitige Zärtlichkeiten, Küsse und sanfte Berührungen erlebt oder
   b. eher Distanz und Entfremdung?
4. Wurde mit Nacktheit in deiner Familie
   a. locker und natürlich umgegangen oder
   b. war sie streng verpönt?
5. War Kuscheln, Umarmen, Nähe und Körperkontakt in deiner Familie
   a. vollkommen normal und kam oft vor oder
   b. blieb man eher auf Abstand?

Meine Beobachtung ist, dass jeweils Option b in zu vielen christlichen Familien Realität war und ist.

Das treibt manchmal seltsame Blüten. Ein Mitarbeiter eines christlichen Dienstes erzählte folgende Begebenheit: Er und sein Team hatten ein Wochenende für Ehepaare vorbereitet. Wie bei solchen Wochenenden üblich, ging es unter anderem um Vertiefung der Ehebeziehung, darum, einander noch besser kennenzulernen. Für einen Abend hatte das Team einen Tanzabend organisiert. Darüber empörte sich ein Ehepaar. Christen hätten sich von solch weltlichen Dingen wie Tanzen fernzuhalten. „Das Bein, das sich zum Tanze regt, das wird im Himmel abgesägt!“ – so ihre Überzeugung. Du brauchst diesen Satz nicht in der Bibel zu suchen, er steht dort nicht drin. Nun tanzt nicht jeder gerne. Und es wäre nichts dabei gewesen, wenn dieses Ehepaar gesagt hätte, dass sie nicht tanzen mögen und sich stattdessen lieber am Tisch unterhalten. Aber ihre Einstellung, dass Christen weltlichen Vergnügungen zu entsagen hätten, ging so weit, dass sie am selben Abend das Ehe-Wochenende abbrachen, ihre Sachen packten und nach Hause fuhren. Wie mag dieses Ehepaar wohl über Sex und Erotik denken? Beachte dabei: Diese beiden waren nicht so auf die Welt gekommen! Ihre Erziehung hatte sie so geprägt.

Nun war sich dieses Ehepaar wenigstens einig. Noch größere Probleme entstehen jedoch, wenn zwei heiraten wollen, von denen zum Beispiel er nach Option a erzogen wurde und sie nach Option b. Kannst du dir vorstellen, wie es solch einem Paar in den Flitterwochen ergehen würde? Vielleicht flittert da gar nichts! Vielleicht erweist sie sich als kühle und abweisende Frau, die ihm sexuell aus dem Weg geht, wo immer sie das nur kann. Vielleicht weiß sie gar nicht, dass er nicht nur Ehemann, sondern auch Liebhaber sein möchte. Und vielleicht weiß sie gar nicht, was das überhaupt ist, weil sie es nie gelernt hat. Leibfeindliche Erziehung fordert gnadenlos ihren Tribut. Und solange das verklemmte Erbe nicht erkannt, benannt, bekannt und bereinigt ist, wird es sich immer auch in die nächsten Generationen hinein fortsetzen. Damit sind wir beim nächsten Punkt:

3. Schuld muss beim Namen genannt werden

Wir haben uns mit verklemmter Erziehung beschäftigt und mit möglichen Fehlern der Erziehenden. Und da die Bibel uns lehrt, die Eltern zu ehren, werde ich keinen Zornesbecher der Verdammnis über die Kriegs- und Nachkriegs-Generationen von Eltern ausgießen – jenen Generationen, zu denen deine und meine Eltern und Großeltern gehören. Sie taten oft ihr Bestes und hatten vielleicht nur geringe Chancen, es besser zu machen. Unser verklemmtes Erbe hat sicher auch in ihrer Wiege gelegen. **Und dennoch war die Weitergabe dieses Erbes eine – wenn auch unbewusste – schuldhafte Handlung, die benannt werden muss, damit sie vergeben werden kann.** Das bedeutet: Eine leibfeindliche, prüde Erziehung fügt dem Kind inneren Schaden, Deformierungen und Verletzungen zu. Und wenn ich eines über Seelsorge gelernt habe, dann das: **Du heilst Verletzungen nicht dadurch, dass du versuchst, den Verletzenden zu entschuldigen.** Wenn du von einer seelischen Verletzung geheilt werden willst, musst du als erstes die Verletzung als schuldhafte Handlung benennen. Solange du versuchst, den Verletzenden zu entschuldigen („Er konnte selbst nichts dafür … er hatte selbst so eine schwere Kindheit … er hat es ja eigentlich gar nicht gewollt …“), solange bleiben dir die Türen zur Heilung verschlossen. Das hat nichts mit Überheblichkeit oder Verurteilung zu tun. Du musst anerkennen: Ja, XY hat mir Unrecht getan, hat mich verletzt, ist an mir schuldig geworden – und das hat mir Schaden zugefügt. Punkt. Kein Entschuldigen durch Umstände, keine Nachsicht, weil XY doch zu meiner Familie gehört, keine frommen Erklärungsversuche. So schlimm es klingt: Dadurch würdest du den Weg zur Vergebung versperren! Vergeben heißt eben *nicht*, „War doch gar nicht so schlimm“ zu sagen, sondern: „Doch – es *war* schlimm und es hat Schaden angerichtet. Aber weil Gott mir vergeben hat, vergebe ich auch dir.“

Auch das verklemmte Erbe muss beim Namen genannt werden. Wer immer es dir weitergegeben hat (meistens die Eltern) – du sollst es loswerden, um deines Ehepartners willen, um deiner Kinder willen, um Gottes willen. Benenne die Schuld. Benenne die Schuldigen. Vielleicht kannst du mit deinen Eltern nicht darüber reden, weil sie es nicht verstehen würden oder schon gestorben sind. Aber nenne die Schuld beim Namen. Und dann vergib von Herzen.

Falls du dir in der Einschätzung deiner Erziehung und empfangener Defizite nicht sicher bist: Du hast noch das ganze Buch Zeit zu prüfen, wie intensiv du davon betroffen bist. Im letzten Kapitel kannst du entscheiden, in welche von mehreren Gruppen du tendenziell einzuordnen bist. Zu jeder dieser Gruppen gibt es dann seelsorgerliche Tipps.

Ich kann in diesem Buch nicht näher auf das umfangreiche Thema Vergebung eingehen. Dazu gibt es gute Literatur und ebenso gute Seminare, über welche sich die Hersteller von Papiertaschentüchern genauso freuen wie über die nächste Erkältungswelle. Ich möchte dir an dieser Stelle nur vermitteln, dass es eine wichtige Grundvoraussetzung ist, die Dinge beim Namen zu nennen. Ebenso wenig kann ich auf Fälle eingehen, in denen ein verklemmtes Erbe andere Ursachen hat. Mein Thema in diesem Kapitel ist eine leibfeindliche, pseudoreligiöse Erziehung, die aus meiner Sicht eine seelische Form sexuellen Missbrauchs darstellt. Wenn sexuelle Verklemmtheit z. B. die Folge eines körperlich-sexuellen Missbrauchs ist, sollte sich der Betroffene in jedem Fall in die Betreuung geschulter Seelsorger und/oder christlicher Psychologen begeben.

4. Dein Gemeindehintergrund tut nichts zur Sache

Sucht man Themen wie Leibfeindlichkeit im Internet, trifft man zwangsläufig auf den „Kirchenvater“ Augustinus und die katholische Kirche. Auch die öffentlich diskutierten Fälle sexuellen Missbrauchs finden oftmals im katholischen Raum statt. Nun könnten Protestanten und Freikirchler denken, dass sie das Thema Leibfeindlichkeit doch nichts anginge. Schließlich erkennt man doch Sexualität als gute Gabe Gottes an und beruft sich dabei zu Recht auf die Bibel. Und allen voran hat doch selbst Oberreformator Martin Luther nicht nur die Unverschämtheit besessen, den Zölibat zu brechen, sondern bereits im 16. Jahrhundert ein Thema wie die eheliche Sexfrequenz angesprochen. Zumindest wird ihm das Zitat zugeschrieben: „In der Woche zwier, macht im Jahre hundertvier, schadet weder ihr noch mir.“ So was hätte selbst Paulus nicht besser schreiben können.

Dennoch ist Leibfeindlichkeit auch im nicht-katholischen Umfeld zu finden. Selbst moderne Freikirchen schütten beim Thema sexuelle Reinheit allzu oft das Kind mit dem Bade aus. Vor lauter Anstrengung, sich von einer total sexualisierten Welt zu distanzieren, vergisst man, seine Söhne und Töchter zu guten Liebhabern zu erziehen. So wachsen Kinder mit der Wahrnehmung auf, dass Gottes angeblich gute Gabe der Sexualität in der Gemeinde totgeschwiegen wird. **Die Folge sind Heranwachsende, deren Umgang mit Sexualität angst- und vermeidungsorientiert ist.** Vielleicht halten sie sich sogar vor der Ehe sexuell zurück, wollen ihren Körper nur an den Ehepartner verschenken und an niemand anderen. Was dieses Verschenken dann aber eigentlich bedeuten soll, davon haben sie meist keine Ahnung. Selbst Grundlagen, die in diesem Buch in den Kapiteln 6 und 9 stehen, wurden ihnen nicht vermittelt. Stattdessen müssen sie unter Schmerzen herausfinden, dass Reinheit nicht unbedingt Dummheit oder Ignoranz bedeuten muss.

Ich kann sogar von der Tochter eines Gemeindeverantwortlichen berichten, die noch kurz vor ihrer Heirat in Sachen Sex und Verhütung keine, aber auch nicht die geringste Ahnung über die banalsten biologischen Grundlagen hatte. Eine Freundin musste ihr kurz vor der

Hochzeit erklären, was denn beim Mann passiert, wie man schwanger werden kann – und was man tun sollte, um nicht gleich schwanger zu werden. Wohlgemerkt, diese Tochter kam aus einem angesehenen, christlichen Elternhaus.

5. Nicht alles, was aus der Welt kommt, ist abzulehnen

Ein weiterer Punkt, der sich bei uns Christen ändern muss, wenn wir das verklemmte Erbe aus unseren Familien und Gemeinden verbannen wollen: Wir müssen lernen, dass aus „der Welt" (dem nichtchristlichen Umfeld) nicht nur Schlechtes kommt. Diese oft anzutreffende innere Haltung hat ihren Ursprung in eigentlich guten Grundwahrheiten: Gott ist der Schöpfer dieser Welt und hat die Urheberrechte auf das Leben. Er weiß also am besten, wie alles funktioniert. Die Welt hingegen ist gefallen und wird vom „Gott dieser Welt" (damit meint die Bibel den Widersacher Gottes, den Teufel) beherrscht. Unter dieser Herrschaft wurden und werden viele gute Gaben Gottes pervertiert: Der kreative Intellekt schuf die Atombombe, die Menschen mit Leitungsgaben wurden zu Tyrannen, die zu bewahrende Schöpfung wurde zum Objekt des Raubbaus degradiert – und Sex degenerierte zur rücksichtslosen Lustbefriedigung. Was also sollte uns so eine Welt Wertvolles mitzuteilen haben? Gegenfrage: Warum haben wir, die Christen, der Welt so viele Themenbereiche kampflos überlassen? **Warum erzielen Nichtchristen mit der Kopie biblischer Prinzipien ungleich größere Erfolge als die Christen mit dem Original?**

Ich bin schon in vielen Management- und Vertriebs-Seminaren gewesen und war erstaunt, wie viele biblische Prinzipien dort zugrunde gelegt werden. Noch erstaunter war ich, als ich merkte, wie diese Prinzipien im Bereich der Gemeinden nur ein Schattendasein fristen. Ein Beispiel: Die Bibel sagt vieles über die Kraft unserer Worte und Bekenntnisse aus. Mit Worten, die wir aussäen, können wir positive Frucht ernten und genießen. Diese Wahrheit machen sich die Verfechter des Positiven Denkens zunutze. Das Original hat jedoch nichts mit Autosuggestion zu tun (also sich selbst etwas einzureden), sondern damit, positive Wahrheiten aus dem Wort Gottes durch Aussprechen in Existenz zu rufen. Wozu also sollen sich Menschen für den Glauben an Christus interessieren, wenn man doch offenbar ohne diesen Glauben die gleichen Ergebnisse erzielen kann?

Dabei haben wir Christen in so vielen Bereichen des Lebens keine Schwierigkeiten damit, Rat von Nichtchristen anzunehmen. Wir hören (hoffentlich) auf unseren Arzt, der uns empfiehlt, mit dem Rauchen aufzuhören. Wir hören auf den Rat unseres Ernährungsberaters, der uns empfiehlt, unser Übergewicht abzubauen. Und wir hören auf unseren Steuerberater, der uns zur wahrheitsgemäßen Angabe aller Einkünfte mahnt. Dabei hätten wir alle diese Ratschläge auch dem Wort Gottes entnehmen können.

Beim Thema Sex ist es ähnlich. Vor einiger Zeit sah ich eine Dokumentation mit dem Titel „Frauen reden über Sex“ in einem Privatsender. Du vermutest richtig, es war weder Bibel TV noch ERF. Ich kann auch nicht sagen, dass ich mit allem glücklich gewesen wäre, was manche dieser Frauen da so von sich gaben. Was mich aber beeindruckte, war die Offenheit, mit der unterschiedlichste Frauen über ihre Gefühle, ihre Ängste, ihre Vorlieben, ihre Abneigungen und viele andere sexuelle Themen berichteten. Das Erstaunliche war: Viele dieser Äußerungen waren problemlos mit der Bibel in Einklang zu bringen. Das waren in der Mehrzahl keine verirrten Jüngerinnen der Abartigkeit, sondern „Frauen wie du und ich“. Ich frage mich, ob solch offene Äußerungen auch bei einem Gemeinde-Frauentreffen möglich wären. Oder in anderer Form bei einem Männertreffen. Was könnte man nicht alles lernen! Leider kommt es so selten dazu, weil sich die meisten Gemeinde-Verantwortlichen so einen Fernsehbericht nie anschauen würden. Denn „so was guckt man nicht als Christ“.

Stell dir mal vor, im Männerkreis lesen die Gemeinde-Brüder das Buch „Schlechter Sex“, in dem Frauen ihre lustigsten, peinlichsten und absurdesten Erlebnisse mit Männern beschreiben. Nein, kein christliches Buch, sicher mit viel „Unzucht“ drin – aber warum nicht geeignet, um christlichen Männern zu sagen: „So, Brüder, sollten wir es also bei unseren Frauen nicht machen. Versuchen wir es anders.“ Unvorstellbar? Willkommen, verklemmtes Erbe!

6. Wer kann etwas daran ändern?

Du. Und *nur* du. Warte nicht, bis andere aktiv werden. Warte nicht, bis das Thema salonfähig wird. Akzeptiere nicht länger das verklemmte Erbe in deiner Familie oder deiner Gemeinde. Ich sage nicht, dass du zum Elefanten im Porzellanladen werden sollst. Ich fordere dich jedoch zum Handeln auf. Lies dieses Buch weiter. Fang an, für Veränderung zu beten. Und fang an, erste Schritte zu tun – mit dem Motiv der Liebe zu deinen Mitmenschen und der Verantwortung als Christ gegenüber dem Wort Gottes.

Kapitel 2

Die Geschichte der Prüderie

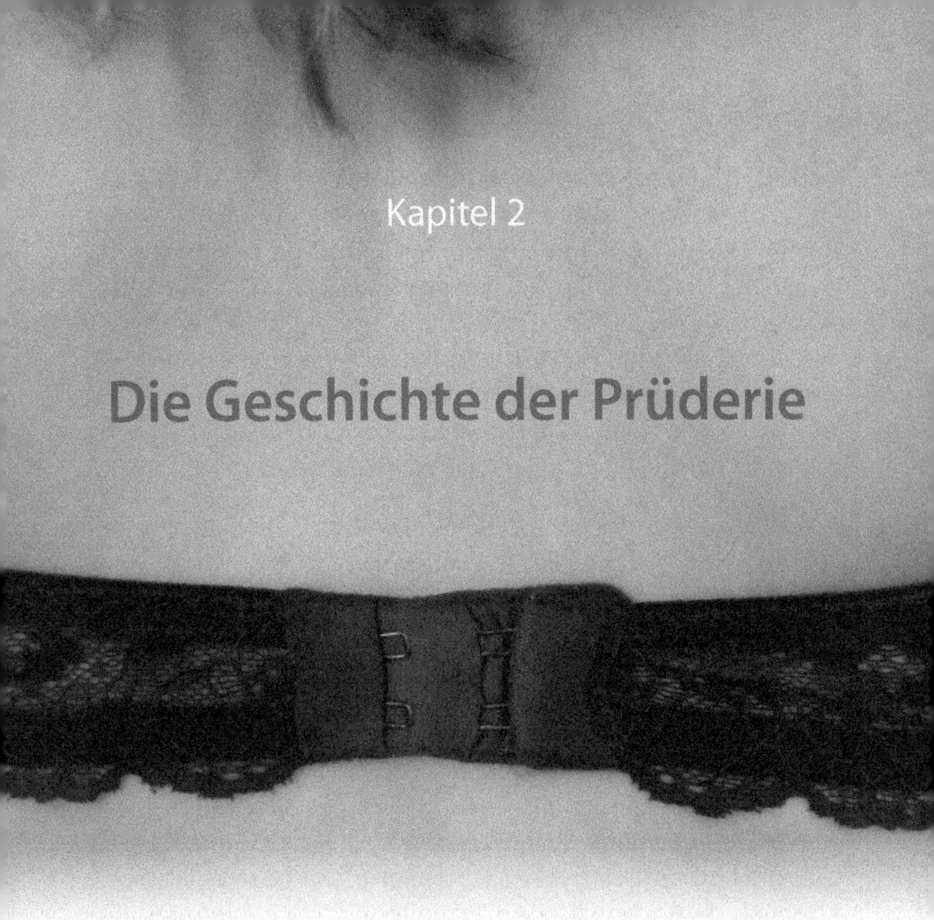

Ein Buch mit diesem Titel muss sich zu Beginn auch mit geschichtlichen Fakten unseres verklemmten Erbes beschäftigen. Dadurch und infolge der vielen Zitate mag dieses Kapitel vielleicht einerseits etwas trockener ausfallen als alle anderen – andererseits wirst du an manchen Stellen ein „Das gibt's doch gar nicht" auf den Lippen haben. Am besten, du überzeugst dich selbst.

Sucht man Material zur Geschichte der Prüderie, dann kommt man an einem bestimmten Buch kaum vorbei: „Die verteufelte Lust" von Klaus Rainer Röhl, erschienen im Verlag Hoffmann und Campe[1]. Nun könnte der Leser dieser Zeilen nicht ganz zu Unrecht die Frage stellen, ob man einen Autor wie Klaus Rainer Röhl zur Betrachtung eines christlichen Themas heranziehen sollte. Immerhin beschreibt Wikipedia,[2] dass Röhl als Publizist der extremen Linken und Mitglied der KPD tätig war. Seine Zeitschrift „konkret" galt 1967 als führendes Organ der außerparlamentarischen Studentenbewegung, kurz APO. Bereits 1961 hatte Röhl die später als Terroristin zu trauriger Bekanntheit gelangte Ulrike Meinhof geheiratet. Diese Ehe wurde 1968 geschieden – wie auch die politischen Wege von Röhl und Meinhof auseinandergingen. Die 1970 gegründete Terrorgruppe RAF (Rote Armee Fraktion) wurde von Röhl publizistisch bekämpft. Er vollzog schließlich eine politische Kehrtwende und trat 1995 der FDP bei, wo er sich im damaligen nationalliberalen Flügel der Partei engagierte.

Das alles im Hinterkopf, will ich mich dennoch mit diesem Buch auseinandersetzen. Ich tue dies auch vor dem Hintergrund des Bibelwortes aus 1. Thessalonicher 5,21: *„Prüft aber alles, das Gute haltet fest!"* In Röhls Buch sehe ich viele aus meiner Sicht unhaltbare Thesen, aber auch eine größtenteils sehr detailliert recherchierte Aufarbeitung der geschichtlichen Hintergründe zum Thema Leibfeindlichkeit und Prüderie. Und diese Aufarbeitung halte ich für grundsätzlich wertvoll, weil sie manches, was wir heute erleben, verdeutlicht. Aus diesem Grund kann ich die Lektüre dieses Buches eingeschränkt empfehlen – allerdings nur erwachsenen Christen, die sich den Umgang mit bibelkritischen Aussagen zutrauen. Das Buch kennt sowohl verbal als auch grafisch keine Tabus bei der Darstellung sexueller Inhalte. Darauf sollte sich ein interessierter Leser einstellen. Wer damit nicht umgehen kann, lässt besser die Finger davon. Kommen wir aber nun zu den Inhalten, die ich in einer Art Buchbesprechung mit Zitaten entfalten möchte:

Das sexuelle Ideal des Autors

Bereits in den ersten beiden Kapiteln lässt Röhl keinen Zweifel daran, was er als ursprüngliche und erstrebenswerte Form der Sexualität sieht: ungezügelter Sex ohne jegliche Einschränkungen oder moralische Bindungen. Erlaubt ist, was Spaß macht, ohne Skrupel oder Gewissensbisse. Begründet wird dies vor allem damit, dass am Anfang der Menschheitsgeschichte nicht die Männer, sondern die Frauen das Sagen gehabt hätten. Im Kapitel „Unter dem Zepter des

Phallus – aus der Großen Mutter wird die Göttin der Liebe“ schreibt Röhl: „Am Anfang der Menschheitsgeschichte gab es diese Skrupel nicht ... nichts von Sünde und Furcht, von Trübsal und irdischem Jammertal. Das Leben war ... trotz aller äußeren Unbequemlichkeiten im wahrsten Sinne des Wortes ein Paradies.“[3] Wer jetzt meint, der Autor spiele damit auf die biblische Schöpfungsgeschichte an, sieht sich bald getäuscht: „... da steigerte sich das fröhliche Lebensgefühl des Anfangs zu einem ersten dankbaren, alle Angst bannenden religiösen Empfinden, zu einer frühen, magischen Religion, deren erste Göttin eine Frau wurde – ein Idol mehr als eine Göttin: die ‚Große Mutter‘. Als Sinnbild der Fruchtbarkeit und Geburt, Garantin der ewigen Wiederkehr allen Lebens, wurden dieser Urmutter der Mond, der Stier und die Schlange als Embleme zugeordnet.“[4] Röhl weiter: „Viele zehntausend Jahre gehörten die Große Mutter und die ihr zu Ehren gefeierten kultischen ‚Orgien‘ zur Religion aller Völker – nicht als geduldete Ausschweifung, sondern als Bestandteil von Sitte und Religion. ... Höhepunkt dieser kultischen Verehrung der Fruchtbarkeit und Sinneslust war die später von den Griechen so genannte ‚Heilige Hochzeit‘ ... Dabei wurde auf einer ... Plattform durch den obersten Priester stellvertretend für alle die Paarung mit der Göttin vollzogen – für die Gläubigen eine tatsächliche, keine symbolische Vereinigung mit der Göttin.“[5] Der Autor setzt die Beschreibung der damaligen Praktiken fort: „Anschließend an die Heilige Hochzeit fand dann meist ein ausgelassenes Fest zu Ehren der Göttin statt, das in einer massenhaften, wahllosen und öffentlichen Kopulation aller mit allen endete. An diesem Tag waren also sonstige Tabus und Verbote, die auch die alte Mutter-Sippe schon kannte, z. B. das Inzestverbot, aufgehoben. ... Die heilige Orgie – nach heutigen Begriffen Gruppensex – wurde nicht etwa nur als Ausschweifung am Rand einer religiösen Feier toleriert, sondern war ihr zentraler Inhalt. ... Schrankenlos und wild hat sich diese Ausgelassenheit beim Karneval in Rio erhalten, wenn aus der Tiefe des ethnischen und sozialen Elends dieser Riesenstadt die Ekstase wie eine Eruption gewaltsam und gewalttätig hervorbricht ...“[6] Mit der Beschreibung eines der bedeutendsten Kultfeste der Antike, der Feier zu Ehren der Liebesgöttin Aphrodite, schließt der Autor seine Darstellung angeblich unbeschwerter Sexualität in der Frühgeschichte ab: Er lobt die dorthin pilgernden Gläubigen als Vergnügungsreisende und berichtet von den Töchtern des Landes, die mit dem erstbesten Fremden, den sie treffen, zu schlafen haben – als rituelle Pflicht gegenüber der Göttin.[7] Ganz offenbar sieht Röhl diesen Umgang mit Sexualität als ursprüngliche, paradiesische und erstrebenswerte Form an – die vielleicht heute noch so unbeschwert praktiziert würde, wenn da nicht der Gott der Bibel als prüder Spielverderber dazwischengefunkt hätte. Letzte Zweifel an dieser Einstellung beseitigt Röhl mit der Ankündigung des Folgekapitels, in dem er diesen Gott auf das Schärfste angreift: „Folgen wir dem Weg der menschlichen Entwicklung weiter und suchen den Augenblick, in dem nach der unendlich langen Zeit des ‚Paradieses' die Stunde der Verfinsterung eintritt, der Verlust der Unschuld, der *Sündenfall*."[8]

Das Verschweigen der Risiken und Nebenwirkungen

Spätestens jetzt ist der Zeitpunkt, wo man zu dem Zitierten Stellung beziehen muss. Ich könnte verstehen, wenn vielleicht gerade der männliche Leser den Beschreibungen scheinbar unbeschwerter Sexualität etwas abzugewinnen meint. Dennoch lebt das Aufbegehren gegen das biblische Menschenbild und die göttlichen Grenzen der Sexualität damals wie heute von dem Verschweigen der Risiken und Nebenwirkungen. Es erscheint so, als ob jeder Mensch nach eigenem Gutdünken und dem Lustprinzip leben könne, ohne die damit verbundenen Konsequenzen zu erleben. Aber dem ist nicht so. Die von Röhl als so vorbildlich und ursprünglich dargestellten Sexpraktiken hatten zwei Seiten: Sie brachten zwar Lustgewinn für die einen – aber Tod und Verderben für die anderen. Dem Autor selbst ist diese Tatsache nur eine Fußnote wert, die mehr als 200 Seiten später im Zusammenhang mit der Entdeckung der Anti-Baby-Pille lapidar erwähnt wird: „Für die Anfänge der Menschheit wird freilich eine beliebige Verfügung der Frauen über die Anzahl der Kinder vermutet. Die für diese … Frühzeit angenommene Beschränkung erfolgt wahrscheinlich durch Kindestötung."[9]

Du hast richtig gelesen: **Kindestötung!** Mord an der nächsten Generation. Durch das freizügige und auf viele Partner ausgedehnte Sexualleben gab es eine Menge von Kindern. Und damals wie heute halten viele es für richtig, die Anzahl ihrer Kinder durch Tötung zu begrenzen. Heute geschieht es durch Tötung im Mutterleib. Die ist straffrei, ja, sogar staatlich gefördert – und von Risiken und Nebenwirkungen (nicht nur für das Kind, auch für die Mutter!) spricht kaum einer. Damals, in der angeblich sexuell so unbeschwerten Frühzeit, wurden die Kinder einfach umgebracht. Sie waren die großen Verlierer des von Röhl beschriebenen „Paradieses". Weil es so viele davon gab, zählte ihr Leben nichts. Die man behalten wollte, blieben am Leben. Die unerwünschten tötete man – zum Beispiel, indem sie bei lebendigem Leibe als Opfer für den Götzen Moloch verbrannt wurden. In 3. Mose 18, Vers 21 verbietet der Gott der Bibel seinem Volk solche Morde. Ist das prüde? Und ist es tatsächlich prüde, wenn man darauf hinweist, dass Sex immer mit **Verantwortung** zu tun hat – unabhängig von den zur Verfügung stehenden Verhütungsmitteln? Es hat seine Gründe, warum gemäß biblischer Ethik jegliche Sexualität in eine von Liebe und gegenseitiger Achtung geprägte, lebenslange und verbindliche Zweierbeziehung zwischen Mann und Frau (auch bekannt als Ehe) gehört.

Durch die Glorifizierung frühgeschichtlicher Sexpraktiken verliert Röhl diese Realitäten (wie z. B. die Praxis des Kindermordes) völlig aus den Augen. Stattdessen sieht er die Kanaaniter als „lebenslustiges, fröhliches Volk, das wie alle Nachbarländer dem Kult der Großen Mutter huldigt, die nun schon einen Götter-Gatten hat. Astarte und Tammuz heißt das Götterpaar in Kanaan, dem zu Ehren tagelang ausgelassene Feste gefeiert werden, bei denen Heilige Hochzeit, sakrale Prostitution und endlich kultische Massenorgien nicht fehlen."[10]

Schließlich beschreibt Röhl den Gott Jahwe des Alten Testaments und lässt kein gutes Haar an ihm. Er ist es denn auch, der die ach so fröhlichen, lebenslustigen und angeblich doch völlig unschuldigen Kanaaniter sowie die anderen, ebenso handelnden Völker abschlachten lässt. Ihm und seinem gleichfalls so unbarmherzigen „Religionsstifter" Mose wird vorgeworfen, für den Untergang der sinnen- und genussfrohen, frauenfreundlichen Kulturen verantwortlich zu sein. Auch das mosaische Gesetz wird heftig als frauenfeindlich kritisiert. Dabei enthält gerade dieses Gesetz so viele Regelungen zum Schutz von Leib, Leumund und Leben aller Menschen: Männer, Frauen und Kinder. Man muss diese nur ohne vorgefertigte weltanschauliche Brille sehen *wollen*.

Teile und herrsche

Das Prinzip „Teile und herrsche" bedeutet, einen Gegner in Untergruppen aufzuspalten, die dann leichter besiegt werden können. Genau dieses Prinzip wendet Röhl in seinem Kampf gegen den angeblich so prüden und frauenfeindlichen Gott der Bibel an. Nun erwähnt Röhl selbst, dass er die Bibel nicht für ein heiliges, von Gott inspiriertes Buch und somit als Wort Gottes betrachtet. Vielmehr ist es für ihn eine Sammlung alter Mythen und Erzählungen, aus denen verschlüsselte Mitteilungen über gesellschaftliche und geschichtliche Vorgänge herausgelesen werden können.[11] Vor diesem Hintergrund sind Irrtümer und Fehlinterpretationen vorprogrammiert.

Während also, wie vorhin beschrieben, der Gott des Alten Testaments, Jahwe, und sein „Religionsstifter" Mose scharf kritisiert werden, kommt Jesus in einem ihm gewidmeten Kapitel[12] vergleichsweise sehr gut weg. Seine Begegnungen mit Frauen werden von Röhl gelobt, auch, dass aktive Mitglieder seiner Bewegung Frauen waren. Ebenso positiv wird hervorgehoben, wie Jesus in Matthäus 19 die mosaische (ich würde zutreffender sagen: pharisäische) Doppelmoral des Scheidebriefes kritisiert und Gottes eigentliche Sicht des Verhältnisses von Mann und Frau wiederherstellt. Leider hat Röhl das Jesuswort aus Johannes 14, Vers 9: *„Wer mich gesehen hat, hat den Vater gesehen"*, offenbar nicht gelesen, sonst hätte er seine negative Sicht von Gott, dem Vater, dem „Jahwe" des Alten Testaments, vielleicht infrage gestellt. Stattdessen schlägt er im folgenden Kapitel[13] auf Saulus/Paulus ein und unterstellt diesem masochistische und sadistische Neigungen. Er wirft Paulus schließlich vor, ein perfektes System der Sinnen- und Frauenfeindlichkeit entwickelt und eine Organisation hinterlassen zu haben, die mit ihrem Namensgeber Jesus nur noch wenig zu tun hatte. Im Verlauf dieses Buches wirst du feststellen, dass das Gegenteil davon wahr ist. Du musst dafür nur anerkennen, dass Gott uns nicht nur ausgiebige Sex- und Sinnesfreuden gönnt, sondern gleichzeitig Grenzen setzt – zu deinem Schutz und zum Schutz deiner Mitmenschen.

Es war mir wichtig, diese Darstellung von Röhls Weltanschauung voranzustellen, bevor ich zu einigen Schlaglichtern der Geschichte der Leibfeindlichkeit aus seinem Buch zitiere. So wenig ich seine Anschauung und Folgerungen teilen kann, so sehr schätze ich seine Zusammenstellung wichtiger Meilensteine über die Geschichte der Prüderie. Einer Geschichte, die nicht von Gott, sondern von fehlgeleiteten Menschen geschrieben wurde. Dass diese Menschen sich zumeist anmaßten, im Auftrag Gottes zu handeln, macht die Sache umso schlimmer:

Augustinus und die „Paradies-Ehe"

In den ersten Jahrhunderten hatte das Christentum mit etlichen Irrungen und Wirrungen zu kämpfen, gerade was das Thema Sexualität angeht. Die Empfehlungen des Paulus zur Ehelosigkeit (ich gehe in einem späteren Kapitel näher darauf ein), aufgeschrieben in absoluter Naherwartung der Wiederkunft Christi, inspirierten einige Asketen und Ekstatiker zu abenteuerlichen Lehren und Handlungen. Als Beispiel sei hier nur der „Kirchenvater" Origenes von Alexandria zu nennen (geboren um 185 n. Chr.). Er legte das Jesuswort aus Matthäus 19, Vers 12: *„Es gibt Verschnittene, die sich selbst verschnitten haben um des Reiches der Himmel willen"*, buchstäblich aus und vollzog die Selbstentmannung. Auch wenn die Kirchenführung sich schließlich von dieser Tat distanzierte: Leibfeindlichkeit war der ständige Begleiter der nachbiblischen Gemeinde.

Wohl niemand hätte gedacht, dass ausgerechnet ein in Afrika geborener Lebemann die Leibfeindlichkeit endgültig in der Kirche etablieren würde. Augustinus, ebenfalls als „Kirchenvater“ betitelt, beginnt seine „Karriere“ mit einer wilden Ehe, einem unehelichen Kind und weiteren Liebschaften. Im Verlauf seines Lebens kommt der Rhetorikstudent mit Lehren und Philosophien in Kontakt, die allesamt der Leibfeindlichkeit Vorschub leisten: der Römer Cicero, die Sekte der Manichäer und auch Plato sowie dessen Nachfolger, die Neuplatoniker. Schließlich meint auch er wie Paulus sein „Damaskus-Erlebnis“ zu haben, welches ihn in die Bibel und dort zu Römer 13,13 und 14 führt, wo vor fleischlichen Begierden gewarnt wird. Augustinus vollzieht eine 180-Grad-Wende und sagt allen weltlichen Freuden ab. Er zieht sich in klösterliche Umgebungen zurück, beginnt mit dem ausgedehnten Verfassen von Schriften, wird 391 n. Chr. zum Priester geweiht und ist weitere fünf Jahre später bereits Bischof.

Man mag einerseits verstehen, dass Augustinus in Anbetracht seines Werdegangs sein früheres Leben verabscheute. Das Fallen ins andere Extrem, verbunden mit exzessiver und zurückgezogener schriftstellerischer Tätigkeit, hat jedoch katastrophale Folgen: Augustinus entwickelt abstruse Ideen – eine Grundlage für unser heutiges verklemmtes Erbe. Ich zitiere aus dem Buch von Röhl: „Um das Gebot der Fortpflanzung von der damit notwendigen Fleischeslust wenigstens theoretisch ein für allemal zu trennen … entwirft der im Alter die Fleischeslust verachtende Augustinus eine abenteuerliche Vision: Die Paradies-Ehe! … Im Paradies hat es danach zwar sehr wohl Geschlechtsverkehr gegeben, aber ohne ‚beschämende‘ Wollust, lediglich zur Erzeugung der Nachkommenschaft … – eine kalte Idylle ist diese Paradiesehe, die nun fünfzehn Jahrhunderte lang zum Vorbild der christlichen Ehe werden soll: … ‚Es würde also der Mann Nachkommenschaft erzeugt und das Weib empfangen haben und sie sich dazu der Zeugungsglieder bedient haben, die, wann und soweit nötig, durch den Willen bewegt, nicht durch die Lust erregt wären.‘“[14] Es muss dazu gesagt werden, dass diese wirren Lehren des Augustinus nicht ohne Widerspruch blieben. Augustinus bedient sich seiner schriftstellerischen Begabung als ausgebildeter

Rhetoriker, um seine Widersacher zum Schweigen zu bringen. Bis zu seinem Tod agitiert er gegen sie. Seinen endgültigen Triumph erlebt er nicht mehr. Röhl weiter: „Sünde (eigentlich der Abfall von Gott) wird jetzt gleichgesetzt mit Sexualität, mit Begierde ... Die Geschlechtsteile werden von nun an die ‚obscenae partes' (obszöne Teile), doch die Ehe wird von Augustinus zum Sakrament erklärt, der Geschlechtsverkehr ist ja zum Zweck der Kinderzeugung für die Ehegatten zugelassen. Der eheliche Akt, der zur Zeugung dient, ist frei von Schuld, wird er aber zur Befriedigung der Begierde vollzogen, ist er eine verzeihliche Schuld – natürlich nur in der Ehe. Folgerichtig werden enthaltsame Tage festgesetzt, und Kinder, die an empfängnisfreien oder an den enthaltsamen Tagen gezeugt worden sind, meint Augustin, werden unheilbare Krankheiten haben und von Dämonen besessen sein."[15]

Sprüche des „Kirchenvaters" Augustinus zieren so manche Grußkarte und manchen christlichen Kalender. Dennoch scheint er mir durch seine leibfeindlichen Irrlehren der Christenheit weit mehr Schaden zugefügt als durch anderweitige Schriften Nutzen gebracht zu haben.

Der Kampf um den Zöllbat

Schauen wir in die Bibel, so sehen wir alles – nur keinen Zölibat. Auch Paulus, dem von Unwissenden gerne Frauenfeindlichkeit und Prüderie angedichtet wird, erwähnte die Gabe der Ehelosigkeit, hatte sie offenbar auch selbst, verordnete sie aber niemandem. Wie auch, wenn es sich doch um eine Gabe handelt? Die Apostel nahmen ihre Frauen mit auf ihre Missionsreisen. Paulus sagt in 1. Korinther 9, Vers 5: *„Haben wir etwa kein Recht, eine Schwester als Frau mitzunehmen wie die übrigen Apostel und die Brüder des Herrn und Kephas* (= Petrus)*?"* Alle waren verheiratet: Petrus (den die katholische Kirche sozusagen als den ersten Papst betrachtet), die übrigen Apostel und auch die Brüder des Herrn Jesus Christus. Jesus selbst und Paulus hatten aufgrund ihres Dienstes die Gabe der Ehelosigkeit, für die sie sich selbst entschieden hatten. Sehr schnell aber meinten Teile der heranwachsenden Kirche, diesen Freiraum ihrer Diener beschneiden zu müssen. Röhl dazu: „Das Trullanische Konzil (2. Trullanum) verbietet den Bischöfen den ehelichen Verkehr, gestattet ihn aber noch den Diakonen und Priestern, soweit sie vor der Priesterweihe geheiratet haben. Die Christen der Ostkirchen (von wenigen Ausnahmen abgesehen) und die Kopten ließen sich nie auf den Zölibat ein, in der katholischen Kirche jedoch wurde die Priesterehe ständig weiter eingeschränkt und geächtet …“[16]

Interessant ist, dass der Zölibat nicht weltweit auf einen Schlag eingeführt wurde. In Spanien begann sein „Siegeszug“ früher, während es in Rom bis ins 10. Jahrhundert hinein Kinder von Priestern gab, die später Päpste wurden. Was den heutigen Betrachter erstaunt: Sogar Söhne von Päpsten wurden damals selbst Päpste. In Nordschweden und Island gab es die Priesterehe dagegen bis zur Reformation.

Ein Problem der damaligen Kirche waren die ständigen Übertretungen kirchlicher Moralvorschriften. Auch Priester und Päpste sind eben nur Menschen. Die fortwährenden Verstöße kirchlicher Würdenträger gegen geltende Moral sorgten bald für „Zustände wie im alten Rom“ und bereiteten den Boden für den Erfolg einer entsprechenden Gegenbewegung. Röhl stellt dies in seinem Buch schonungslos dar: „Um 904, als Sergius III. Papst wird und öffentlich mit seiner Geliebten Marozia auftritt, hat die Moral der Kirchenvertreter ihren Tiefstand erreicht. Marozia ist Mutter und Großmutter mehrerer Päpste und beherrscht Rom und den Kirchenstaat. Das gesamte 10. Jahrhundert herrschen die später so genannten ‚sittenlosen Päpste‘ … Aber die Gegenbewegung ist schon da … Zwei Benediktinermönche wüten fanatisch gegen den ‚Teufel der Wollust‘ und die ‚schändliche Pest der Sexualität‘, der Italiener Petrus Damiani (geb. 1007) und der Benediktiner Hildebrand (geb. ca. 1020). Hildebrand wird unter dem Namen Gregor VII. Papst und setzt den Zölibat endgültig durch, der von nun an bis zum heutigen Tage gilt. Nun werden die Übertreter des Sexualverbots grausam verfolgt. Aufgehetzt von dem unermüdlichen Damiani, werden wahre Jagden auf ‚sündige‘ Kleriker veranstaltet, Lynchjustiz wütet …“[17]

Mit der endgültigen Durchsetzung des Zölibats beginnt eine neue Zeit, die von Doppelmoral und Heuchelei geprägt ist. Denn die unterdrückten Gefühle erweisen sich in der Regel stärker als alle Vorsätze. Das Verbot, Sexualität gottgemäß auszuleben, erweist sich für die Kirche zudem als Herrschaftsinstrument: Durch schlechtes Gewissen, Beichte und auferlegte „Bußen“ sind die Untertanen viel besser beherrschbar. Parallel dazu entwickelte sich die Praxis der Selbstgeißelung – ein Ausdruck von Leibfeindlichkeit auf anderer Ebene.

Dass sich der Zölibat angesichts der historischen Umstände so etablieren konnte, ist eine traurige Tatsache. Skandalös aus heutiger Sicht ist jedoch, dass sich eine Kirche immer noch anmaßt, ihn zu fordern. Paulus jedenfalls findet in 1. Timotheus 4, Verse 1–3a klare Worte für die Verantwortlichen: *„Der Geist aber sagt ausdrücklich, dass in späteren Zeiten manche vom Glauben abfallen werden, indem sie auf betrügerische Geister und Lehren von Dämonen achten, durch die Heuchelei von Lügenrednern, die in ihrem eigenen Gewissen gebrandmarkt sind, die verbieten, zu heiraten ...“* Klingt das nach einem leibfeindlichen, prüden Paulus? Wohl kaum.

Erschreckend aus heutiger Sicht ist ebenfalls, dass sich offenbar immer noch genug Menschen finden, denen der Gehorsam gegenüber einer Kirche mehr bedeutet als der Gehorsam gegenüber dem Wort Gottes. Dabei muss ich an Galater 5,1 denken: *„Für die Freiheit hat Christus uns freigemacht. Steht nun fest und lasst euch nicht wieder durch ein Joch der Sklaverei belasten!“*

So weit an dieser Stelle. Ein paar weitere Gedanken zum Zölibat finden sich im nächsten Kapitel.

Alles in Butter bei Luther?

Leider nicht! Obwohl dem Reformator Martin Luther das oben erwähnte Sex-Zitat zugeschrieben wird – sein Verhältnis zu Sex und zum Körper war leider alles andere als entspannt. Es mag an seiner

Kindheit und seiner strengen und gewalttätigen Erziehung gelegen haben, dass er sich als Mönch ausgerechnet in den Orden der Augustiner-Eremiten zurückzog. Ebenso wie Augustinus vollzog auch er eine Art Gegenreaktion zu einer unglaublichen Form der Heuchelei. Hierbei ging es nicht nur um den allseits bekannten Ablasshandel. Nein, es ging auch um die Priester, die regelmäßig Bordelle besuchten – solche Bordelle, die vom Papst genehmigt und von der Kirche besteuert wurden. Der Gipfel der Doppelmoral.

Nun ist bekannt, dass sich Luther von der katholischen Kirche löste und auch heiratete. Ebenso wie Paulus empfiehlt er denen, die nicht die Gabe der Ehelosigkeit haben, zu heiraten, und verurteilt diejenigen, die den Zölibat auferlegen. Offenbar aber hatte die Zeit im Augustinerkloster doch ihre Wirkung hinterlassen, denn dessen absonderliches Gedankengut war auch in Luther noch aktiv. Röhl führt dazu in seinem Buch aus: „Auch nach seiner Heirat bleibt Luther dabei, dass die Lust in der Ehe nicht rein sei, sondern da, wo Begierde im Spiel ist, Sünde und Unzucht bedeutet. ... Sünde bleibt's allemal: ‚Ich habe zwar durch göttliche Erlaubnis ein Eheweib, es ist aber in unser beider Fleisch Sünde: Die schändliche Lust und Unzucht ist nicht gut. Wie denn von Natur ein Ehemann mit besserem Gewissen sich zu seinem Eheweibe hält, weil sonst der Same vergeblich ausgeschüttet würde oder aber, wenn er sich sonst vielleicht der Hurerei oder des Ehebruchs befleißigen wollte.‘ ... Nach zehnjähriger Ehe schreibt der 51-jährige Luther nur noch mit Abscheu von jenen Dingen, die wiederum nicht mit Namen genannt werden: ‚Ich verschweige nun die Scheußlichkeit, die im Fleische steckt, man denke an das tierische Verlangen und das Jucken. All dies sind der Erbsünde deutliche Zeichen.‘“[18]

Auch Luther leistete wie Augustinus der Prüderie Vorschub. Wie bei Augustinus diente Sex vor allem der Zeugung von Kindern. Alles darüber Hinausgehende war auch für Luther schmutzig, unrein und abzulehnen. So hart die Botschaft für reformierte Christen sein mag: Unser verklemmtes Erbe trägt nicht nur einen katholischen, sondern auch einen protestantischen Stempel.

Die viktorianische Moral

Je näher wir unserer Zeit rücken, umso erschreckender lesen sich die Belege der Leibfeindlichkeit. Im 19. Jahrhundert erreichte die Prüderie im „christlichen Abendland“ einen neuen Tiefpunkt. Über die Empfehlung eines zeitgenössischen Mädchenkalenders, beim Baden Sägemehl auf das Wasser zu streuen, damit der Badenden der Anblick ihrer eigenen Scham erspart bleibe, mag man noch gequält schmunzeln. Der von Röhl zitierte Text aus den 1897er „Berliner Anstandsblättern“ lässt einem jedoch fast das Blut in den Adern gefrieren:

„Bleichsüchtig bist du, deutsches Mädchen, und hast Ringe unter den Augen! Woher kommt dies? Bist du zu eng geschnürt? Hast du Würmer? Oder bist du, was wir leider vermuten müssen, von geschlechtlichen Vorstellungen erregt? Deine guten Eltern sorgen sich um dich, wagen es aber nicht, das auch von ihnen vermutete Übel beim Namen zu nennen. Morgens stehst du an der Waschschüssel, züchtig in Anstandsunterrock und Untertaille, hältst Hals und Arme rein, doch musst du beschämt die Augen senken vor dem Toben in deinem Mieder, ja, in deinem Beinkleid. Neugierde auf das, was dir als Weib bestimmt ist, erhitzt dich. Was ist und wie ist der Mann beschaffen? Welche Merkwürdigkeit bewirkt, dass die Streifen seines Beinkleides dort, wo seine Beine beginnen, nicht geradlinig verlaufen? Auf welche Weise wird er den Keim eines Kindes in dich senken? Lange Zeit empfandest du Entzücken am Gedanken höherer Liebe. Brust an Brust mit dem Geliebten, wähntest du, werde in den mehr oberen Regionen des Leibes dasjenige in dich einfließen, wovon du aus schmählicher Quelle hörtest, das es der männliche Samen genannt werde. Seit einigem indessen hast du, wie es nun einmal alle Mädchen, auch die Töchter der höheren Stände, beklagenswerterweise tun, den wahren Weg erforscht und kannst, obschon du nach jedem Male die aufrichtigsten Schwüre deinem Herrgott ablegst, nicht davon lassen. So höre denn, wenn es mit deiner Gesundheit und deiner Sittlichkeit Ernst ist: Gehe zu deiner Mama und erbitte von ihr eine alte Salatschüssel aus der

Küche. Fülle sie mit kaltem Wasser und setze dich hinein. Es ist dies ein modernes Heilverfahren, welches nur deswegen zu wenig Anwendung findet, weil das wohlanständige Bürgertum sich des Umstandes, aus welchem es angebracht ist, geniert.“[19]

Die Erwähnung des „Herrgotts“ in diesem Text ist pure Gotteslästerung. Nie und nimmer hat Gott Sexualität als schmutzig oder gar gesundheitsschädlich gebrandmarkt. Es sind die Auswüchse unseres seit fast zwei Jahrtausenden gepflegten und entwickelten verklemmten Erbes.

Andere Autoren jener Zeit empfehlen den Männern, ihren Geschlechtstrieb durch Arbeiten bis zur Erschöpfung in Schach zu halten. Eine Methode, die den wirtschaftlichen Interessen des Industriezeitalters entgegenzukommen scheint. Gleichzeitig wird die Frigidität, die Gefühlskälte und Asexualität der Frau als Normalzustand gepriesen. Röhl zitiert den Autor William Acton, der zu jener Zeit lebte:

„Ich darf sagen, dass die Mehrzahl der Frauen, und dafür kann ich unsere Gesellschaft glücklich preisen, nur von sehr wenigen geschlechtlichen Empfindungen irgendwelcher Art belästigt werden. In der Regel verlangt eine gesittete Frau selten irgendeine geschlechtliche Befriedigung. Sie erduldet die Umarmungen ihres Gatten, aber hauptsächlich, um ihn zu befriedigen, und ginge es ihr nicht darum, Mutter zu werden, wäre sie sicher viel lieber völlig von ihrer Pflicht entbunden, seine Aufmerksamkeit zu ertragen. … Ich meine, diese Dame ist das vollkommene Ideal einer englischen Gattin und Mutter.“[20]

Eine frauenverachtende Aussage, die nicht nur in England, sondern auch im restlichen Europa und Amerika ihre Freunde fand. Die Ehefrau dieser Zeit sollte ihre sexuellen Wünsche unterdrücken – oder bekam sie von Autoren wie Acton sogar gänzlich abgesprochen Die „Berliner Anstandsblätter“ waren da wenigstens ehrlich. Der Ehemann ging derweil ins Bordell, um dort seine Wünsche auszuleben. Was fehlte, war eine Kirche, die gegen diese Pervertierung des biblischen Menschen- und Sexualbildes aufstand – und vor allem das Original als Alternative anbot.

Die „sexuelle Revolution"

Als letzten Punkt möchte ich die sogenannte „sexuelle Revolution" erwähnen. Ab 1967 rollte eine Sexwelle über unser Land, die sich gewaschen hatte. Es ist die Zeit der scheinbaren sexuellen Befreiung. Die Anti-Baby-Pille verhieß Sex ohne Konsequenzen. Die Befreiungsparole „Make love, not war" bot eine Alternative zum Vietnamkrieg. Frauen forderten mit der Begründung „Mein Bauch gehört mir", frei und ungestraft ihr ungeborenes Kind töten zu dürfen. Man drückte es nur nicht so aus, denn „Abtreibung" und „Fristenlösung" klingen doch viel angenehmer. In der Kommune 1 war Gruppensex angesagt und allgemein galt bei der Linken: „Wer zweimal mit derselben pennt, gehört schon zum Establishment."

Man muss Klaus Rainer Röhl zugutehalten, dass er in seinem Buch diese neue sexuelle „Freiheit" als Mogelpackung enttarnt. Er schreibt:

„Die sexuelle Freiheit, die alle Leistungszwänge der Gesellschaft aufheben und den Menschen befreien sollte, wird innerhalb weniger Jahre zum Leistungszwang Nummer eins. … Die sexuelle Befreiung hat die ‚repressiven Strukturen' der Gesellschaft nicht aufgebrochen, sondern einen weiteren Zwang hinzugefügt. … Folge dieser modernen Variante des Puritanismus sind die völlige Trennung von Eros und Trieb, totale Entfremdung der auf ihre Leistung konzentrierten Partner. Was als Versuch begonnen hatte, den Krieg und die ‚repressive Gesellschaft' zu beseitigen und diesmal wirklich einen neuen Menschen zu ertrotzen, diente bald nur noch dazu, die Auflagen von Illustrierten und Aufklärungsbüchern zu erhöhen. … Die Liberalisierung des Pornografie-Paragrafen für Erwachsene durch die sozialliberale Koalition ließ 1972 die Sexwelle langsam auslaufen. Was nicht mehr verboten war, machte nicht mehr scharf … Die studentischen Liebesrevoluzzer hatten schon sehr früh (1968) das Kommunebett verlassen und wandten sich neuen Zielen zu. Die Mehrheit (‚Zweierbeziehungen bringen echt mehr') ging wieder ins verdienstvolle Alltagsleben zurück … Hier setzt sich, spätestens von 1970 an, unter dem Einfluss des aufkommenden Feminismus eine neue linke Prüderie durch …"[21]

Wieder einmal scheiterte eine Bewegung daran, dass unter Missachtung des göttlichen Originals keine dauerhafte Gemeinschaft etabliert werden kann. Und wieder hatte die Gemeinde Jesu Christi, trotz aller Freikirchen und des Facettenreichtums im 20. Jahrhundert, kein Rezept, um den Menschen dieses Original näherzubringen. Vielleicht, weil sie es selber gar nicht kannte.

Und heute?

Heute hat sich an dieser Situation wenig geändert. Und obwohl inzwischen eine Vielzahl guter Literatur zum Thema erscheinen ist, fehlte aus meiner Sicht immer noch ein Buch,

- … das das verklemmte Erbe nicht nur erklärt, sondern die Erklärungen auch mit vielen aktuellen Beispielen unterlegt,
- … das eine umfassende und attraktive Darstellung des biblischen Originals vermittelt,
- … das sich von Prüderie und Leibfeindlichkeit klar distanziert,
- … gleichzeitig persönliche Wege aus der Verklemmtheit aufzeigt,
- … Lösungen für Betroffene, Ehepartner und Seelsorger vorschlägt
- … und das außerdem nützliche Tipps für die Gestaltung der eigenen Sexualität und Ehebeziehung gibt.

Da ich solch ein Buch nicht gefunden habe und gleichzeitig den Auftrag Gottes dafür verspürte, ein solches zu schreiben, habe ich mich an die Arbeit gemacht …

Kapitel 3

Christen und Sex – ein Sinnbild für Inkompetenz

Eine zu harte Überschrift? Nicht in den Augen vieler Menschen. Denn Kompetenz hat etwas mit Zuständigkeit, mit Fähigkeiten und mit Fertigkeiten zu tun. In der Praxis: Stell dir ein nichtchristliches Ehepaar vor, das sexuelle Probleme hat. Oder einen ungläubigen Single, der mit seiner Sexualität nicht zurechtkommt. Wo, meinst du, würden diese Menschen Hilfe und Orientierung suchen? In der Gemeinde? In der Kirche? Bei Christen? Oftmals nicht. Warum? Weil viele Menschen von Christsein eine klare Vorstellung haben. Sie lautet in etwa so: **„Alles, was Spaß macht, ist für gute Christen verboten."** Und da sollten Menschen, die so denken und Orientierung in Sachen Sex suchen, als Erstes auf den rettenden Einfall kommen, die Christen könnten ihnen doch sicher helfen? Noch dazu bei einem Thema, wo es in erster Linie um Spaß geht? (Richtig gelesen, beim Sex geht es in erster Linie um

Spaß daran. Mit der Klitoris haben Frauen sogar einen Körperteil, welcher einzig und allein dafür von Gott geschaffen wurde, ohne „vernünftige" Zusatzfunktionen.) Stattdessen hat sogar der Volksmund eine in seinen Augen treffende Beschreibung für die angebliche Langeweile, die christlicher Sex ausstrahlt. Er bezeichnet die Standard-Liebesposition, in der die Frau unten und der Mann oben liegt, als „Missionarsstellung". Im Sinne von: Das dürfen selbst die frommen Missionare, denn irgendwie müssen die ja auch zu ihren Kindern kommen. Mehr Abwechslung ist bei den Frommen sicher nicht erlaubt.

Die Ursachen für diese vermutete Inkompetenz liegen weit zurück – und gleichzeitig so nahe. Zum einen wird Christsein von vielen Menschen gleichgesetzt mit Evangelisch- oder Katholischsein. In Deutschland sind das eher der evangelische Norden und der katholische Süden, wobei Deutschland mit seiner fast paritätischen Aufteilung von Katholiken und Protestanten eine Ausnahmestellung in Europa einnimmt. In vielen Ländern Europas dominiert die katholische Kirche, während Protestanten eine deutliche Minderheit darstellen – mal ganz zu schweigen von den Freikirchen, die dort noch unbedeutender sind als in Deutschland. Doch auch hierzulande wird Christentum instinktiv von vielen Menschen mit Katholizismus gleichgesetzt.

Nun – was verbinden Menschen mit der katholischen Glaubenslehre, gerade, was das Thema Sex angeht? Im vorigen Kapitel haben wir Fakten aus den letzten beiden Jahrtausenden bereits unter Zuhilfenahme eines außenstehenden Autors betrachtet. Für dieses Kapitel möchte ich an wenigen Stellen einen „Insider" zu Rate ziehen: Georg Denzler wurde 1930 geboren und ist römisch-katholischer Priester und Professor der Theologie. Er kennt beide Seiten, denn er wurde 1955 zum Priester geweiht, heiratete dann aber 1973 dennoch. Dies brachte ihm die Suspendierung vom Priesteramt sowie den Widerruf der kirchlichen Lehrerlaubnis ein.[1] Den Mund ließ er sich trotzdem nicht verbieten. Denzler schrieb 1988 das Buch „2000 Jahre christliche Sexualmoral" mit dem treffenden Untertitel „Die verbotene Lust"[2]. Er betrachtet hier ebenfalls die Geschichte der Prüderie, beleuchtet jedoch fast ausschließlich die Rolle seiner – der katholischen – Kirche.

Auf weit über 300 Seiten analysiert er eine Kirchengeschichte, die überfließt von Leibfeindlichkeit, Prüderie, Arroganz, Ignoranz, Ausgrenzung, Irrlehre, Lüge, Sturheit, Rechthaberei, Frauenfeindlichkeit und purem Machtstreben. Das Grundproblem beschreibt er selbst schon in den Vorbemerkungen zu seinem Buch auf Seite 2 treffend: „Seit beinahe 2000 Jahren greift die … Kirche im Namen Gottes in die Sexualität des Menschen ein, stellt Gebote und Verbote auf, die – oft bis ins intime Detail – festlegen, was als Sünde zu gelten hat. … **Bei den bis heute als unverrückbar geltenden Normen und Gesetzen handelt es sich meist um rein kirchliche Satzungen, die sich im Laufe von Jahrhunderten, manchmal sogar durch historische Zufälle, herausgebildet haben, ohne Grundlage in der Bibel zu besitzen.** Auch zeitbedingte Moralvorstellungen sind von der Kirche oft als göttliches Gebot ausgegeben und durchgesetzt worden.“[3] In aller Klarheit und Schonungslosigkeit stellt Denzler die oft schockierenden Lehren und Praktiken dar, mit denen eine Kirche über zwei Jahrtausende Schuld auf sich geladen hat – beginnend bei der Verteufelung der Sexualität an sich bis hin zum wahrscheinlich millionenfachen Mord als Folge der Hexenprozesse in der Zeit zwischen 1400 und 1750. Eine Bilanz des Schreckens, die einen schaudern lässt.

Wer jetzt aber meint, das alles wäre ja längst Geschichte, irrt jedoch und hat die Worte „bis heute“ überlesen. Denn auch hier und heute sind viele Dinge noch sehr präsent! Und wer kann es den Menschen verdenken, dass sie das, was fälschlicherweise im Namen Gottes verkündigt wurde und wird, auch für die Meinung Gottes halten? Ich möchte hier aus der Vielzahl der möglichen Beispiele nur wenige Punkte nennen:

Noch einmal: der Zölibat

Wenn es nicht so traurig wäre, könnte man fast darüber lachen, so grotesk und absurd ist die Situation: Da wird eine Kirche in der obersten Ebene fast ausschließlich von alten Männern geführt. Sie verordnen sich und allen anderen Kirchendienern im sogenannten

Priesteramt die Ehelosigkeit – und dies ohne jegliche biblische Legitimation! Diese alten Männer legen noch heute – angeblich im Auftrag Gottes – verbindliche Richtlinien für Ehe und Familie fest, ein Thema, zu dem sie, da ihnen ja die entsprechende Erfahrung fehlt, besser schweigen würden. Das geht bis hin zur Einmischung in Themen wie Familienplanung und Verhütung. Würde man solch eine Bevormundung bei irgendeiner obskuren kleinen Glaubensgemeinschaft feststellen, wäre sofort der Sektenvorwurf auf dem Tisch – zu Recht. Die katholische Kirche umgeht diesen Vorwurf nur durch ihre Größe und ihren Einfluss.

Denzler schreibt dazu: „Die zölibatären Seelenführer bewiesen mit ihren allgemeinen Erwägungen nur, wie wenig Einblick sie in die Psychologie des ehelichen Lebens besaßen. Aus diesem Grund ermahnte schon Pfarrer Laros die Theologen zu kooperativer Denkarbeit mit anderen (verheirateten) Wissenschaftlern. Die Unerfahrenheit der kirchlichen Hierarchie in Fragen ehelicher Sexualität gilt heute noch, und sie wird gelten, solange das Zölibatsgesetz für Priester besteht.“[4]

Den durch ihre sture Haltung zum Zölibat entstehenden Priestermangel umgeht die katholische Kirche übrigens mit einem Trick, der in einer katholischen TV-Sendung deutlich wurde[5]. Es handelt sich um den Beruf des „Pastoralreferenten“. Diesen Beruf gibt es in der katholischen Kirche seit Anfang der 70er-Jahre. Zum Zeitpunkt der Sendung gab es etwa 3.000 (!) Pastoralreferenten in der katholischen Kirche, zumeist in Westdeutschland. Die beiden in der Sendung interviewten Pastoralreferenten (ein Mann und – man höre und staune – eine Frau) hatten Theologie studiert, dürfen predigen, Seelsorge machen, Schulunterricht erteilen und „pastorale Ansprechperson“ sein. Nur die meisten offiziellen sakramentalen Handlungen sind ihnen verwehrt, das darf nur der „echte“ Priester. Der Unterschied: Pastoralreferenten dürfen heiraten und Familie haben – die Priester dürfen das nicht. Auf diese Weise rekrutiert die Kirche vollzeitliche Mitarbeiter für den geistlichen Dienst, ohne zugeben zu müssen, dass die unbiblische Lehre vom Zölibat gescheitert ist.

„Hoffnungslos veraltet"

Bei seinem Besuch im November 1980 musste sich der damalige Papst Johannes Paul II. bei einer Jugendveranstaltung öffentliche Kritik von der Sprecherin des Bundes der katholischen Jugend anhören. Vor Tausenden von Jugendlichen sagte sie (ich zitiere aus Denzlers Buch):

„Für Jugendliche ist die Kirche in der BRD oft schwer zu verstehen: Sie haben den Eindruck, dass sie ängstlich an den bestehenden Verhältnissen festhält, … dass sie zu den Fragen von Jugendlichen zu Freundschaft, Sexualität und Partnerschaft zu sehr mit Verboten reagiert; dass ihr Suchen nach Verständnis und Gesprächsbereitschaft zu wenig Antwort findet. Viele können nicht verstehen, warum die Kirche trotz des Priestermangels so unumstößlich am Zölibat festhält … Viele fragen, ob nicht eine stärkere Beteiligung der Frauen am kirchlichen Leben möglich ist."[6]

Eine Antwort des Papstes blieb aus. Stattdessen erhob sich der Vorwurf, „der respektlose Auftritt einer Jugendvertreterin sei für den Papst eine ungeheure Zumutung gewesen."[7] Die Stimmen der enttäuschten Jugend über die fehlende Antwort des Papstes verstummten jedoch nicht. Das veranlasste die Verantwortlichen zu einem Brief an die Vatikan-Behörden. Darin bat man für Missverständnisse um Entschuldigung und versicherte, dass die vorgetragenen Fragen in Deutschland immer wieder gestellt würden. Denzler berichtet weiter: „Zwei Tage später schon … gab Kardinalstaatssekretär Agostino Casaroli im Auftrag des Papstes eine Antwort. Wie kaum anders zu erwarten, betonte ‚die rechte Hand' des Papstes, die Kirche bestehe in ihrer Lehre und pastoral auch heute auf manchem scheinbar Unzeitgemäßen, ‚nicht weil sie zu starr und unnachgiebig in ihrer Vergangenheit verhaftet ist, sondern aus Treue zu Christus und dem von ihm empfangenen Auftrag für das wahre Heil des Menschen'."[8] Denzler weiter: „Damit war wieder einmal bewiesen, was viele Katholiken schon längst von der höchsten Kirchenautorität denken und was ihnen die Zugehörigkeit zur Kirche immer fragwürdiger erscheinen lässt: hoffnungslos veraltet! Die Kontroverse offenbarte außerdem deutlich, wie weit doch Kirchenspitze und Kirchenbasis voneinander getrennt sind – ein Trennungsvorgang, der noch lange nicht abgeschlossen ist.“[9]

Ich füge hinzu: ein Trennungsvorgang in vollem Gange! Vor Kurzem las ich eine katholische Jugendzeitschrift im Internet, in der es um das Thema Sex ging. Dort wurde erstaunlich offen geschrieben! Die Kirchenbasis hat sich längst verselbstständigt – die Päpste machen weiter wie bisher.

Johannes Paul II. ist tot, aber seine Nachfolger werden, da bin ich mir sicher, in dieser Tradition fortfahren. Der erste davon, Papst Benedikt XVI., hat dies bereits unter Beweis gestellt. Sein Deutschland-Besuch im September 2011 hat allen reformhungrigen Katholiken einen gehörigen Dämpfer verpasst. Wenn also schon eine Vielzahl der Kirchenmitglieder die Kirche nicht mehr ernst nimmt – warum sollten Nichtchristen das tun? Wobei diese den Unterschied zwischen Katholiken und z. B. freikirchlichen Protestanten oft nicht wirklich kennen.

Die „ewige Jungfrau“ Maria

Die Lehre von Maria, die ewig Jungfrau geblieben sein soll, und die Glorifizierung dieser angeblich ewigen Jungfrauschaft tun ein Übriges. Bibelleser wissen, dass diese Lehre nichts mit der Mutter Jesu zu tun hat. Maria heiratete Josef. „Er erkannte sie nicht“, bis Jesus geboren war. Das bedeutet, er hatte keinen sexuellen Umgang mit ihr. Aber danach lebten sie wie normale Eheleute. Jesus hatte leibliche Brüder und Schwestern, das wird an mehreren Stellen in der Bibel bezeugt. Woher kamen diese Geschwister? Du hast es vielleicht schon erraten: Maria, die Mutter Jesu, hatte Sex. Und zwar mit Josef, ihrem Mann. Das war vor Gott in Ordnung. Nur nicht vor den Kirchenfürsten, denen eine ewig jungfräuliche Maria lieber war. Offensichtliche biblische Tatsachen wurden und werden noch heute ignoriert, weil Sex und Heiligkeit in den Augen zölibatärer Kirchenoberster nicht zusammenpassen. Braucht es da noch mehr Belege, warum Sex über die Jahrhunderte immer mehr einen unsauberen Beigeschmack bekam?

Liest man übrigens die abenteuerlichen Zitate in Denzlers Buch, mit denen katholische Theologen die ewige Jungfräulichkeit Marias und die sogenannte „Josefs-Ehe" zu erklären versuchen, kann man nur noch den Kopf schütteln. In der Wuppertaler Studienbibel schreibt Fritz Rienecker zu Lukas 8,19–21 über die Brüder Jesu: „Hier von Halbbrüdern oder Vettern Jesu zu reden, um die ‚ewige' Jungfrauschaft Marias zu verteidigen, ist Willkür und ein Gerücht, das erst im zweiten Jahrhundert entstand. Wenn Jesus der erstgeborene Sohn genannt wird (Lk 2,7; vgl. Mt 1,25), so setzt das noch mehr Kinder voraus, die hernach geboren wurden."[10]

Sexueller Missbrauch durch katholische Geistliche

Der Skandal nahm bereits 2010 ein ungeahntes Ausmaß an. Schüler katholischer Schulen und Internate begannen sich zu offenbaren und berichteten über Misshandlungen und sexuellen Missbrauch. Der Papst brauchte viel zu lange für eine halbwegs klare Entschuldigung und ein Schuldanerkenntnis. Der eigentliche Grund vieler Missbrauchsfälle wurde jedoch nicht abgestellt: Durch den Zwangszölibat zieht der Priesterberuf automatisch viele Männer mit sexuellen Problemen an. Sie versprechen sich durch das angeblich heilige Gelübde Besserung. Psychologen und mutige Abweichler weisen seit Langem auf diese Missstände hin.[11] Doch nichts passiert. Wen wundert es, dass viele Menschen im christlichen Glauben, der doch angeblich auch von der katholischen Kirche repräsentiert wird, keine Alternative und schon gar keine Kompetenz in Sexualfragen sehen?

Die Situation in evangelischen Landes- und Freikirchen

Wir haben uns einige Beispiele aus dem katholischen Bereich angesehen. Aber bleiben wir nicht dabei stehen. Es ist ja so einfach, andere zu kritisieren – manchmal muss es um der Wahrheit willen auch sein, sonst hätte ich die vorhin entfalteten Punkte weggelassen. Aber liegt das Problem der vermuteten Inkompetenz in Sexualfragen wirklich nur bei der katholischen Kirche? Ich glaube nicht, denn sonst würden die Ratsuchenden doch in die evangelischen Landes- und

Freikirchen strömen. Aber finden sie dort Orientierung? Nicht wirklich. In den Landeskirchen hat man bereits viele biblische Werte auf dem Altar des Pluralismus geopfert. Erlaubt ist, was gefällt und dem Nächsten nicht schadet. Eine solche Kirche setzt sich zwar weniger dem Vorwurf aus, veraltete Ansichten zu pflegen. Dennoch muss die Frage erlaubt sein, ob sie damit nicht ins andere Extrem umschlägt: Mit ihrer kircheneigenen Prüderie steht die katholische Kirche nicht auf einer biblischen Grundlage – aber ist es in der evangelischen Kirche mit ihrem kircheneigenen Pluralismus denn besser?

In vielen Freikirchen (ich komme selber aus dem evangelisch-freikirchlichen Umfeld) scheint das schon ein wenig anders auszusehen. Hier spricht man auch und zu Recht über die biblischen Grenzen der unbeschränkten Lustentfaltung. Aber wie passiert das? Allzu oft mit Verboten. **Im Stile der katholischen Kirche wird mit dem „Dagegen"-Prinzip gearbeitet.** „Kein Sex vor der Ehe!" „Das ist nicht erlaubt!" „Das darfst du nicht!" „Das will Gott nicht!" Vielleicht eine Gegenreaktion auf den kirchlichen Pluralismus. Vielleicht aber auch das Ergebnis einer seit langen Jahren gepflegten Doppelmoral: Während alles, was mit sexuellen Verfehlungen zu tun hat, die Gemeindeleitung oft zu zeitnahem Handeln veranlasst, werden Sünden wie Habsucht, Bosheit, Arglist, Neid, Lästerung oder Hochmut oft lebenslang geduldet – obwohl diese Sünden in Markus 7 mit sexuellen Sünden in einer Reihe stehen. Es scheint für manche Freikirchen schwer zu sein, traditionelle Vorstellungen auf ihren biblischen Gehalt zu prüfen. Damit meine ich nicht, biblische Grundsätze über Bord zu werfen. Es geht vielmehr darum, gnädiger mit den Menschen und ihren Schwächen umzugehen – so wie Jesus es tat. Ich bekenne offen: Ich hatte Sex vor der Ehe. Und ich bin heute noch dankbar für meinen damaligen Pastor, der meine jugendliche Sturm- und Drangzeit mit viel Liebe und Gebet begleitete, immer ein offenes Ohr für mich hatte und mir stets das Gefühl gab, angenommen zu sein. Was könnten das für Gemeinden sein, die biblische Wegweisung mit Geduld, Nachsicht und weiser Begleitung praktizieren? Was könnten das für Christen sein, die vom menschlichen Anspruchsdenken befreit ihre Verantwortung gegenüber Gott und gegenüber ihrem eigenen Gewissen gelehrt bekommen? Christen, welche die Mündigkeit haben, das Bibelwort aus 1. Korinther 6,12 in Verantwortung vor Gott und dem eigenen Gewissen zu leben: *„Alles ist mir erlaubt, aber nicht alles ist nützlich. Alles ist mir erlaubt, aber ich will mich von nichts beherrschen lassen."*

Zum Schluss die Motivation zum Blick in die Praxis: Schau doch mal in deine eigene Gemeinde. Achte darauf, wie die Ehepaare miteinander umgehen, junge wie alte. Welche erhellenden Beobachtungen könnte ein Besucher machen, der bisher dachte, Christen seien die falsche Adresse zur Lösung von Sex- und Eheproblemen? Sieht er liebevolle Umarmungen und Küsschen, für die sich keiner schämt, obwohl sie in der Öffentlichkeit geschehen? Nein, ich plädiere nicht fürs wilde Rumknutschen in der Gemeinde, sondern für **„öffentlichkeitstaugliche Sinnlichkeit"**. Ein schöner Begriff, oder? Das geht übrigens in jedem Alter. Isaak und Rebekka waren in 1. Mose 26 schon etwas älter, ihre Kinder Jakob und Esau bereits erwachsen genug, um Erstgeburtsrecht gegen Linsen zu tauschen. Isaak gab gegenüber dem Philisterkönig Abimelech Rebekka als seine Schwester aus. Nach einiger Zeit schaute Abimelech aus dem Fenster und Isaak „koste" mit Rebekka, seiner Frau. So flog der Schwindel auf. Abimelech konnte also am Kosen erkennen, dass diese beiden keine Geschwister waren. Woran erkennen wir in den Gemeinden, wer verheiratet ist? Am genervten Tonfall oder Blick? Am Sitzplatz? Oder an einem Umgang miteinander, der Beobachter auf den Gedanken bringt: So eine tolle Beziehung hätte ich auch gerne – bestimmt läuft es bei denen im Bett ebenso gut.

Nun könntest du nicht ganz zu Unrecht sagen, dass das Idealvorstellungen sind. Richtig. Vielleicht werden wir das nie in vollem Umfang erreichen. Ganz bestimmt aber werden wir dem niemals näherkommen, wenn wir es nicht wenigstens anstreben.

In Johannes 13, Vers 35 heißt es: *„Daran werden alle erkennen, dass ihr meine Jünger seid, wenn ihr Liebe untereinander habt."* Sollte das nicht auch für die Ehepaare gelten? Sollte es nicht auch für unser

Sexleben gelten? Das ist zwar privat und soll es auch bleiben. Aber ein wenig mehr öffentlichkeitstaugliche Sinnlichkeit der Christen könnte für viele Menschen wie Wasser auf durstiges Land sein. Und wie ein Wegweiser, der darauf hinweist, dass die Bibel auch zum Thema Sex und Erotik viel zu bieten hat.

Ich beende dieses Kapitel mit einem Zitat des Religionssoziologen Walter Schubart: „Wenn es nicht gelingt, Religion und Erotik in eine neue, nahe und glückliche Beziehung zu setzen und die Menschenwürde mit der Geschlechtlichkeit auszusöhnen, wird es nicht zu jener Wiedergeburt der Religion kommen, auf die heute viele hoffen und von der sie alles erwarten.“[12] Dieser Satz – im Jahre 1941 geschrieben – ist so aktuell, als wäre er heute verfasst worden.

Kapitel 4

Warum die Porno-Welle die Christen voll erwischt hat

Machen wir uns nichts vor: Die Porno-Welle rollt. Vorbei die 70er-Jahre, in denen man sich noch mit hochgeschlagenem Mantelkragen für den soundsovielten Teil des „Schulmädchen-Reports“ verstohlen ins Kino begeben musste. Heutzutage kommt Hardcore über Internet und TV frisch auf den Fernseher, den PC-Bildschirm oder das Smartphone. Natürlich schaut sich das keiner an – diesen Eindruck bekommt man wenigstens, wenn man mit Menschen über dieses Thema spricht. Aber mit wem macht die Porno-Industrie dann ihre Umsätze?

Offenbar nicht mit Christen. Statistisch haben über 90 % aller Männer (und übrigens auch eine nicht geringe Zahl von Frauen) bereits Pornografie konsumiert, ein Großteil von ihnen sogar mehrfach. In unseren Gemeinden sitzen offenbar nur die restlichen knapp 10 %. Wie anders ist es zu erklären, dass über solch ein Thema so selten gepredigt wird? Da es auch Frauen betrifft, wäre es doch nicht nur was für den Männerabend, oder? **Ein entscheidender Grund, warum die Porno-Welle die Christen so kalt erwischt hat, ist genau diese Ignoranz in vielen Gemeinden.** Und nur mit dem Satz „Für einen Christen darf das kein Thema sein“ mache ich Menschen nicht tauglich zum siegreichen Überleben in einer total sexualisierten Welt.

Dabei wissen wir doch alle: Viele Christen sind Teil der Porno-Welle, ein Teil sogar abhängig davon. Es gibt viele Bücher und Webseiten dazu, die Pornografie-Abhängigen helfen wollen. Sie alle stellen dar, warum man sich das nicht antun sollte (im wahrsten Sinne des Wortes). Die Gründe sind einsichtig:

- Pornografie ist Unzucht und damit Sünde.
- Sie ist eine aus dem Sinnzusammenhang gelöste Sexualität – also anonyme und verantwortungslose Bedürfnisbefriedigung, in welcher der Partner nur benutzt, aber nicht geliebt wird.
- Pornografie ist Illusion – eine Täuschung.
- Porno-Abhängigkeit zerstört Beziehungen und letztendlich die Fähigkeit zur Intimität mit dem Partner – und mit Gott.
- Wenn Pornografie Kindern zugänglich wird, kann dies schwerste Entwicklungsstörungen nach sich ziehen.
- Porno-Darstellerinnen ekeln sich oft vor ihrer Arbeit und werden nicht selten dazu gezwungen.
- Menschenhandel und Zwangsprostitution gehen häufig mit Pornografie-Produktionen einher.
- Ein ganzer Industriezweig lebt von diesem schmutzigen Geschäft.

Pornografie hat also mit gottgewollter und göttlicher Intimität nichts zu tun. Da gibt es einen himmelweiten Unterschied, der in der nachstehenden Gegenüberstellung deutlich wird. Ich hatte diese einmal von einer Vortrags-CD mitnotiert, die mir nicht mehr vorliegt:

Gottgewollte Intimität	Pornografische „Intimität"
kennt gesunde Grenzen	akzeptiert keine Grenzen
will den anderen suchen und finden	will den anderen besitzen
will den anderen achten und fördern	will den anderen verwerten und benutzen
kann warten und Spannung aushalten	nimmt sich alles sofort
kann mit allen Sinnen genießen	sucht nur die kurze Erregung, den Kick und wird deshalb leicht zur Gier/zur Sucht
erträgt Schwächen des Partners, z. B. Älterwerden	selektiert gnadenlos aus, was nicht perfekt ist
ist eine echte Begegnung	ist Täuschung durch Illusion
hinterlässt Erfüllung	hinterlässt Leere und Frust

Die meisten Christen werden diesen und vielen anderen Argumenten zustimmen: Ja, das ist richtig. Nein, das sollte man nicht tun. Ja, ich sehe das genauso. Alles klar – vom Kopf her. Und trotzdem schauen es sich viele immer wieder an. Der Kampf gegen diese Welle gleicht dem des Don Quichote gegen die Windmühlenflügel: keine Aussicht auf Erfolg. Die meisten bejahen die Argumente, aber nur wenige wenden sich wirklich dauerhaft ab. Deshalb will ich in diesem Kapitel fragen, warum Pornografie so eine starke Anziehung auf Menschen ausübt. Und vor allem: Was sagt die Bibel dazu?

Ein Wort zum Thema Sex- und Pornografie-Sucht

Bevor wir zur biblischen Sicht kommen, müssen wir ein paar Fakten über echte Sexsucht und Pornografie-Abhängigkeit klären.

Zunächst: Nicht jeder, der Pornografie gelegentlich konsumiert, ist gleich ein Online-Sexsüchtiger. Hört man christliche Vorträge über Online-Sexsucht (zumeist auf Pastoren- und Leiterkonferenzen bei separaten Workshops – in vielen Gemeinden ist das Thema leider ein Tabu), dann wird erfreulicherweise ein Unterschied gemacht zwischen wirklich Süchtigen und solchen, die zwar Pornografie gelegentlich konsumieren, aber nicht als therapiebedürftiger Suchtfall eingestuft werden. Wo diese Grenze dann letztendlich gezogen wird, ist jedoch oft Ansichtssache.

Wie kann so eine echte Sucht beginnen? Nun: Alles, was uns Lust verschafft, wollen wir wiederholen. Je öfter wir es dann wiederholen, umso mehr Verhaltens- und Denkmuster hinterlässt es in uns. Es entstehen sozusagen Schaltungen und Verdrahtungen im Gehirn. Konsumiere ich immer und immer und immer wieder Pornografie, entsteht eine Sucht wie bei Substanzabhängigkeiten. Genau wie bei diesen Süchten flacht das Lusterlebnis im Verlauf der Sucht ab, sodass die Dosis oder die Frequenz des Konsumierens gesteigert werden muss.

Diese Sucht, diese Verdrahtungen und Verhaltensmuster, kann man übrigens auch mit in eine Ehe nehmen! Manche Männer konsumieren in der Zeit ohne Partner regelmäßig Pornografie und meinen: Wenn ich heirate, dann habe ich meine Frau und höre damit auf. Und auch die Frau denkt vielleicht: Ja, früher hat er das gemacht, aber jetzt hat er ja mich. Doch eine bereits vorhandene Sucht löst sich in der Regel nicht einfach auf, sondern taucht, wenn auch vielleicht nach einer gewissen Pause, wieder auf.

Für diesen, und *nur* für diesen Fall *echter* Sexsucht kann ich eine Aussage stehen lassen, die ein Referent über Online-Sexsucht in einem Leiterseminar machte. Er sagte sinngemäß: „Die Partnerin ist für dieses Suchtverhalten nicht verantwortlich, sie hat keinen Anteil daran. Sie könnte die attraktivste Frau der Welt sein – und doch würde der Süchtige immer wieder seine Sucht leben und sich zu den Porno-Frauen hingezogen fühlen. Die Frau ist nicht verantwortlich für die Porno-Sucht ihres Mannes. Es entsteht zudem viel zusätzliches Leid, indem die Frauen in der Seelsorge infrage gestellt werden im Sinne von: ‚Schau doch mal bei dir, vielleicht gibst du ihm nicht das, was er braucht, vielleicht entziehst du dich ihm – und deswegen macht er das.‘ Nein, das hat miteinander nichts zu tun. Einen Süchtigen kann man nicht satt machen.“ **Eine zutreffende Aussage für den Fall, dass wirklich eine *echte* Sexsucht vorliegt. Eine verheerende Aussage jedoch, wenn ein Ehepartner den anderen durch Prüderie in den Pornografiekonsum gewissermaßen hineintreibt.** Für solche Betroffenen müssen die Worte des oben genannten Referenten wie Hohn klingen. Zuerst wird ihnen sexuelle Befriedigung in der Ehe vorenthalten, und dann werden sie noch dazu als sexsüchtig diffamiert, wenn sie für Pornografie anfällig werden. Mein Eindruck ist, dass viele Seelsorger allzu schnell eine „Sexsucht“ diagnostizieren – nur, weil sie nicht wahrhaben wollen, dass Prüderie dem Konsum von Pornografie durchaus Vorschub leisten kann. Auch bei manchen christlichen Anti-Porno-Webseiten sehe ich in dieser Hinsicht ein gehöriges Maß an Einseitigkeit. Dabei ist der Prozentsatz echter Sexsüchtiger viel, viel kleiner als der Prozentsatz der gelegentlichen Pornografie-Konsumenten. Deshalb muss ich in aller Deutlichkeit schreiben: Ja, es gibt eine Mitverantwortung prüder Ehepartner, die ihre „bessere Hälfte“ sexuell an der kurzen Leine halten. **Wer seine Verantwortung als sexueller Versorger seines Ehepartners nicht sehen will, macht sich mitverantwortlich an daraus resultierenden Fehlentwicklungen.** Damit wir uns richtig verstehen: Jeder ist für seine persönliche Schuld selbst verantwortlich und kann sich nicht mit dem Uralt-Argument „Das Weib, das du mir gabst …“ (oder: „Der Mann …“) aus der Affäre ziehen. Adam musste die Konsequenzen für sein Fehlverhalten ziehen und konnte sich nicht hinter Eva verstecken. Aber Evas Fehlverhalten, das Adams Sünde hervorrief, wurde ebenfalls geahndet.

Zurück zum Punkt „Was sagt die Bibel dazu?“ Zunächst verrät uns die Bibel nichts über Pornografie. Sie verrät uns aber etwas über Unzucht und Prostitution – zwei Wörter, die dem ersten Teil des Kunstwortes *Pornografie* entsprechen. (Im Griechischen steht für „Unzucht“ der Begriff *porneia*, für „Hure“ *porne*.) Unzucht bezeichnet jede Form von Sexualität, die am Willen Gottes vorbei geht. Was Prostitution ist, dürfte bekannt sein. Natürlich hatten die Menschen in der Bibel nicht das heutige Maß an anonymem Zugriff auf Pornografie, sozusagen von fast jedem Platz der Welt aus. Aber bereits in 1. Mose 38 sehen wir, dass die Hemmschwelle beim Gang zu einer Prostituierten offenbar bei manchen sehr gering war. Ausgerechnet Juda (einer der Stammväter Israels, sogar von dem Stamm, aus dem Jesus hervorging) bog auf dem Weg zum Schafscheren bei einer Hure ab und kam direkt zur Sache: „Wohlan, lass mich zu dir eingehen!" Es war jedoch seine eigene Schwiegertochter Tamar, die sich unkenntlich gemacht hatte. So erreichte sie ihr Ziel, von Juda schwanger zu werden. Was dann in Vers 24 folgt, ist die Höhe: Als Juda erfährt, dass seine Schwiegertochter schwanger ist, sagt er: „Führt sie hinaus, sie soll verbrannt werden!" Erst als Tamar ihm das Pfand von ihm zeigt, erkennt er, dass das Kind von ihm ist, und lässt von seinem Vorhaben ab.

Ich erwähne diese Begebenheit, weil viele Menschen sagen: Heute gibt's viel mehr Versuchungen, heute ist alles so schlimm – früher oder zu biblischen Zeiten war das viel, viel einfacher. Wirklich? An Juda sieht man, dass es auch damals veritable Versuchungen gab. Und wenn ich an 1. Korinther 6 denke, wo Paulus den Christen in der Hafenstadt Korinth ausführlich darlegen muss, warum sie sich nicht mit einer Hure einlassen sollen, mag ich an das „Früher war alles viel leichter" nicht mehr so uneingeschränkt glauben. Die Formen haben sich verändert, aber das Prinzip ist immer noch dasselbe. Es stimmt: Unzucht ist heute allgegenwärtig, sie ist anonymer und einfacher verfügbar. Aber die Frage, warum sie ausgeübt wird, bleibt dieselbe.

Also: Warum ist Juda denn zu einer Prostituierten gegangen? Wir lesen kurz zuvor, dass seine Frau gestorben war. Juda hatte keine Sexualpartnerin mehr. Nun ist das kein Grund, gleich zu einer Prostituierten zu gehen. Es macht aber ein Prinzip deutlich, das Paulus erklärt:

> Ich sage aber den Unverheirateten und Witwen: Es ist gut für sie, wenn sie so bleiben wie ich. Wenn sie sich aber nicht enthalten können, so sollen sie heiraten, denn es ist besser zu heiraten, als vor Verlangen zu brennen (1. Korinther 7,8–9).

Wir werden in den nächsten Kapiteln noch mal auf 1. Korinther 7 zu sprechen kommen. Paulus, der selbst die Gabe (nicht die Pflicht) der Ehelosigkeit hatte, vermittelt darin grundlegende Wahrheiten über Ehe und Sex. Er spricht dabei übrigens nicht wie der Blinde von der Farbe. Nach allem, was wir wissen, war jeder Rabbiner-Schüler, so auch Paulus früher, verheiratet. Auch kann man aus dem griechischen Text des oben genannten Bibelverses herauslesen, dass Paulus offenbar Witwer war. In der genannten Stelle legt er dar, dass man ehelos bleiben könne, wenn man mit der eigenen, dann „unbenutzten" Sexualität problemlos zurechtkommt. Ihm ist aber bewusst, dass hierzu nur wenige berufen sind. Der Normalfall – schon allein zum Erhalt der menschlichen Art – ist sexuelle Aktivität in einer Ehe, zu der dann irgendwann auch Kinder gehören. **„Es ist besser zu heiraten, als vor Verlangen zu brennen" bedeutet schlicht: In der Ehe wird dein Verlangen gestillt!** Das ist Gottes Wille, damals und jetzt.

Pornografie ist nur ein Abklatsch von echtem, guten Sex. Sie degradiert den Zuschauer zum Voyeur. Aber ist es nicht viel schöner, aktiver Teilnehmer als nur Zuschauer zu sein? Warum lassen Menschen sich mit einer seelenlosen Karikatur echter Sexualität abspeisen, wenn sie doch verheiratet sind und einen Sexualpartner haben?

Eine mögliche Antwort ist ebenso einfach wie logisch: Weil der Sex mit ihrem Ehepartner zu verklemmt, zu eintönig, zu langweilig oder zu selten ist – vielleicht sogar alles zusammen. Ich bin mir bewusst, dass diese Antwort nicht immer zutrifft, und weiß um die Vielschichtigkeit dieses Themas. Dennoch kommen wir an dem eben genannten Bibelwort nicht vorbei: **Wenn Paulus zur Alternative stellt, *entweder* zu heiraten *oder* vor Verlangen zu brennen, heißt das: Verheiratet sein *und* vor Verlangen zu brennen ist alles, aber nicht göttlich. Punkt.** Warum haben wir Christen uns bloß so sehr von diesen einfachen Wahrheiten entfernt?

Damit das klar ist: Diese Aussage gilt für solche, die nicht schon in einem hohen Grad *abhängig* von Pornografie sind. Wenn du schon tief in diesen Strudel geraten bist oder sogar schon fleißig in die Kiste der Perversitäten greifen musst, um deinen „Kick" zu bekommen, solltest du dich in die Hände professioneller Therapeuten oder Seelsorger begeben. Aber wenn du einen Film siehst, in dem ein Mann und eine Frau offenbar in einer dauerhaften Beziehung stehen, sich nach allen Regeln der biblischen Erotik (mehr dazu in Kapitel 6) verwöhnen und du dabei denkst: „Das würde ich so gerne mit meinem Ehepartner erleben“ – **dann ist es zwar nicht in Ordnung, dass du dir so was anschaust, aber es ist normal, wenn dir diese Gedanken kommen.**

Ich hoffe sehr, du hast gemerkt, dass es mir fernliegt, Pornografie irgendwie schönzureden. Ich behaupte auch nicht, dass sie selbst in einer guten Ehe mit wunderbarem Sex jede Kraft der Versuchung verliert. Ein wenig sind wir immer anfällig für das Neue, das Ungewohnte und das Abenteuer. Pornografie verspricht das alles, ohne es aber zu halten. Zurück bleibt eine gähnende Leere.

Zum Abschluss dieses Kapitels will ich dich dazu motivieren, die Herausforderung anzunehmen. **Wenn dein Ehepartner lieber Pornografie anschaut als mit dir zu schlafen, darf die Frage erlaubt sein: Was bringt ihn dazu? Hier bist *du* gefragt!** Denn dein Ehepartner ist dafür verantwortlich, sich um *seine* Fehler zu kümmern, während du dich um die *deinen* zu sorgen hast. Ein paar Fragen für dich, die vielleicht weiterhelfen:

- Stimmst du damit überein, dass du der sexuelle Versorger deines Ehepartners bist?
- Wie sieht diese Versorgung deiner Meinung nach aus? Notration? Oder Festessen?
- Wie sieht es mit Abwechslung und Spontaneität aus? Oder läuft bei euch Sex immer gleich ab?
- Weitere Frage dazu: Stell dir vor, dein Ehepartner wäre bei euch für den Haushalt verantwortlich – was würdest du sagen, wenn er fortwährend das gleiche Essen auftischen würde?
- Oder auch: Was würdest du denken, wenn dein Ehepartner ständig *sein* Lieblingsessen machen würde, aber niemals deines?

- Ist Sex für dich nur eine lästige Pflicht? Wenn ja: Hast du dir schon mal die Mühe gemacht, dich mit deinem verklemmten Erbe zu beschäftigen?
- Nimm ein Blatt Papier und schreibe 15 Minuten lang deine Gedanken zu folgendem Thema auf: „Warum es für meinen Partner viel schöner ist, mit mir zu schlafen, als sich Pornografie anzuschauen." Wie viel hast du nach 15 Minuten auf dem Blatt stehen? Was steht dort? Glaubst du das, was du geschrieben hast?
- Nimm ein weiteres Blatt. Schreibe dann 15 Minuten deine Gedanken auf zum Thema: „Was tue ich, um für meinen Ehepartner attraktiv und anziehend zu sein?" Wie viel hast du nach 15 Minuten auf dem Blatt stehen? Was steht dort ? Glaubst du das, was du geschrieben hast?
- Lies Sprüche 5,18–20. Dort warnt ein Vater seinen Sohn vor Ehebruch und stellt am Schluss eine rhetorische Frage: *„Deine Quelle sei gesegnet, erfreue dich an der Frau deiner Jugend! Die liebliche Hirschkuh und anmutige Gemse – ihre Brüste sollen dich berauschen jederzeit, in ihrer Liebe sollst du taumeln immerdar! Warum solltest du, mein Sohn, an einer Fremden taumeln und den Busen einer anderen umarmen?"* Ist das für deinen Ehepartner auch eine rein rhetorische Frage? Oder würden dir reale Gründe einfallen, die ihn dazu bringen könnten, „an einer/einem Fremden zu taumeln"?

Noch mal: Dein Ehepartner ist dafür verantwortlich, sich um *seine* Fehler zu kümmern, während du dich um die *deinen* zu sorgen hast. Wenn jeder nur nach dem Splitter im Auge seines Partners sucht, bleiben die eigenen Balken unentdeckt. Also: Viel Erfolg beim Balkensuchen!

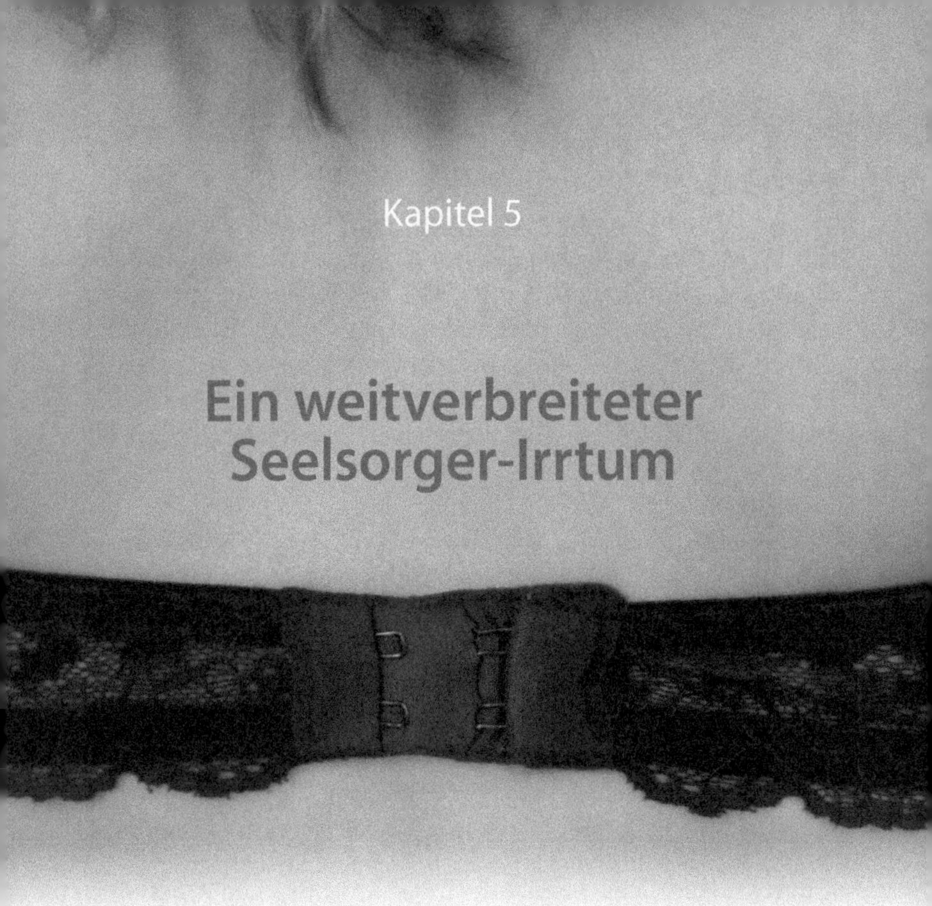

Kapitel 5

Ein weitverbreiteter Seelsorger-Irrtum

Wenn sexuelle Probleme in einer christlichen Ehe auftauchen, sind viele Seelsorger mit einem bewährten Rezept zur Stelle. Sex, so sagen sie in der Regel dem sexuell aktiveren Teil von beiden, ist nicht die Hauptsache einer Ehe. Viel wichtiger ist Liebe, vor allem „Agape"-Liebe. Danach kommt die „Philia"-Liebe und erst am Schluss die „Eros"-Liebe. Die hat ihren Platz, aber eben erst am Schluss. Schauen wir uns diese drei Liebesformen einmal genauer an:

Agape-Liebe

„Im neutestamentlichen Griechisch bedeutet *Agape* ohne Ausnahme ‚Gottes reine und göttliche Liebe'. Agape ist also eine bedingungslose, einseitige, befreiende, auf andere zentrierte Liebe" (Wikipedia[1]). Ich sage etwas einfacher: Agape liebt „trotzdem".

Philia-Liebe

„Philia basiert auf beiderseitigem Interesse (konditionelle Interessenliebe). Dabei ist Philia abhängig von der Reaktion des/der Geliebten. Progressiv – wenn du gibst, bekommst du zurück. Sie kann aber auch regressiv sein, weil sie sich immer weiter abbaut, wenn die Reaktionen des Partners abnehmen. Sie hängt also immer von dem ab, was zurückkommt. Philia basiert auf beiderseitigem Vergnügen und auf beiderseitiger Anerkennung" (Wikipedia[2]). Hier könnte man sagen: Philia liebt „weil".

Eros-Liebe

Hier gibt es unterschiedliche Ansätze: Eros in der griechischen Mythologie, Eros aus der Sicht Platons und als psychoanalytische Variante Sigmund Freuds, die bei Wikipedia treffenderweise unter „Lebenstrieb" zu finden ist: „Der Lebenstrieb oder Eros ist in der Psychoanalyse Sigmund Freuds neben dem Todestrieb einer der beiden Primärtriebe, die das Verhalten des Menschen bestimmen. Die psychische Energie des Eros wird als Libido bezeichnet. Der Lebenstrieb steht für die Selbst- und Arterhaltung, für das Überleben und die Fortpflanzung des Individuums. Der Erosbegriff schließt alles mit ein, was auf Lustgewinn (z. B. körperlichen Kontakt, Essen, Bewegung, Freude) abzielt."[3] Ich sage kurz: Eros ist die leidenschaftliche, die begehrende Liebe.

In den Augen vieler Christen lässt diese Gegenüberstellung nur einen Schluss zu: Die Eros-Liebe sei die minderwertigste von allen, Agape-Liebe die wertvollste. Von daher sollten wir in erster Linie diese Agape-Liebe anstreben. „Heirate nicht, um glücklich zu werden – heirate, um einen anderen Menschen glücklich zu machen", so eine oft anzutreffende Äußerung dieser Wertung. Wer bei der Heirat die Befriedigung eigener Bedürfnisse im Sinn habe, missbrauche seinen Partner und sei von vornherein zum Scheitern verurteilt. Erst recht dann, wenn die Befriedigung sexueller Bedürfnisse einen hohen Stellenwert habe. Nein – wahre Liebe müsse Agape-Liebe sein, sonst könne man nicht darauf bauen.

Pech also für die, die in einer Ehe sexuell zu kurz kommen und von einem christlichen Seelsorger Hilfe erwarten. Denn der sexuell

Unterversorgte erfährt, dass seine Bedürfnisse schlecht, ja in hohem Maße egoistisch seien! Stattdessen müsse er sich mehr bemühen, seinen Ehepartner mit der Agape-Liebe Gottes zu lieben – bedingungslos eben. Nun, das klingt alles so schön, rein und fromm, dass man kaum zu widersprechen wagt. Ich tue es trotzdem. Warum? Weil Paulus zu einem möglichen Beweggrund für eine Eheschließung etwas anderes sagt:

> Was aber das betrifft, wovon ihr mir geschrieben habt, so ist es gut für einen Menschen, keine Frau zu berühren. Aber *um der Unzucht willen* habe jeder seine eigene Frau, und jede habe ihren eigenen Mann (1. Korinther 7,1–2).

Haben wir uns schon mal wirklich klargemacht, was das eigentlich heißt? Die Korinther hatten Paulus offenbar brieflich um eine Klärung gebeten. Es ging allem Anschein nach um die Frage „Dürfen bzw. sollen wir heiraten oder besser nicht?“ Paulus legt in Vers 1 zunächst seine Sicht als verwitweter Diener Gottes dar: *Besser, ihr lasst die Finger vom anderen Geschlecht.* (Später im Kapitel führt er seine Gründe für diese Empfehlung noch weiter aus.) Aber dann kommt es wie ein Paukenschlag: *Heiratet! Jede Frau soll ihren Mann haben! Jeder Mann soll seine Frau haben!* Warum? Welche Motive sollen einer Eheschließung zugrunde liegen? Aufrichtige Agape-Liebe? Selbstlose Aufopferung unter Zurückstellung aller eigenen Bedürfnisse? Askese in der Ehe um des Herrn willen? **Nein – „um der Unzucht willen“ soll geheiratet werden**, auch übersetzbar „um der Hurerei willen“. Etwas lockerer formuliert klänge das heute vielleicht so: „Leute, ich kenne euch: Das mit der Ehelosigkeit ist nicht euer Ding. Also sucht euch einen Ehe- und somit einen Sexualpartner. Ihr sollt nicht herumhuren, sondern euren gottgegebenen Sextrieb mit eurem Ehepartner ausleben. *Das* ist der Grund, weshalb ich sage, dass jeder seinen Partner haben soll.“

Sexbefriedigung als einer der maßgeblichen Heiratsgründe! Mancher Seelsorger würde heute angesichts eines solchen Rats die Hände über dem Kopf zusammenschlagen. Aber Paulus scheute sich nicht, diesen Rat zu geben, der es sogar bis ins Wort Gottes geschafft hat und somit für alle Gläubigen gilt. Wie können wir also noch sagen, dass eine Ehe, die geschlossen wird, um Unzucht zu vermeiden, keine biblische Basis hätte? Wie so vieles wäre das ein Irrtum; Jesus würde sagen: *„Ihr irrt, weil ihr die Schriften nicht kennt noch die Kraft Gottes"* (Matthäus 22,29).

Soll das wirklich der einzige Grund sein zu heiraten? Sind Agape- und Philia-Liebe deshalb unwichtig? Selbstverständlich nicht, im Gegenteil! Ein ganzes Kapitel (1. Korinther 13) widmet Paulus der Beschreibung der selbstlosen, hingegebenen und geduldigen Agape-Liebe. *Natürlich* ist auch dieses Bibelwort ein Vorbild für uns – danach sollen wir streben, auch in unserer Partnerschaft. Aber wenn du schon einmal versucht hast, so zu lieben, wirst du schnell deine Grenzen festgestellt haben. Diese Liebe ist übernatürlich. Ohne Gottes Kraft kannst du sie auf Dauer weder leben noch weitergeben. Du wirst immer wieder versagen, weil du diese Liebe nicht als natürliche oder erworbene Fähigkeit speichern kannst. Du bist bei jedem Versuch, „trotzdem" zu lieben, auf göttliche Unterstützung angewiesen. Rechne damit! Aber rechne auch mit deinem menschlichen Versagen, das dich begleiten wird, bis du beim Herrn bist.

Der Sinn dieses Kapitels ist es also, dem oft vernachlässigten Eros wieder den ihm zugedachten Stellenwert zu geben, nicht, die drei Arten der Liebe gegeneinander auszuspielen. Du brauchst alle drei! Deshalb:

- Bitte Gott um die Kraft, deinen Partner *trotzdem* zu lieben, wo immer das erforderlich ist.
- Gib deiner besseren Hälfte die Chance, dich zu lieben, *weil* du ihr gute Gründe dafür lieferst.
- Nimm deine Verantwortung als *sexueller Versorger* deines Ehepartners gleichermaßen wahr.

Ich möchte gegen Ende dieses Kapitels ein Zitat anführen, das ich in den Unterlagen eines Eheseminars fand:

„Wenn unsere Bedürfnisse erfüllt werden, ist das der beste Schutz vor Affären und Ehebruch."

Treffender kann man das behandelte Pauluswort aus 1. Korinther 7 wohl nicht auf den Punkt bringen. Wobei beachtet werden sollte, dass Fehltritte und Affären zwar sexueller Natur sind, die Ursachen dafür jedoch durchaus nichtsexueller Natur sein können. Eine gute Ehe besteht eben nicht nur aus gutem Sex, auch das wurde – so hoffe ich – hinreichend deutlich.

Dennoch kommt eine neuere Untersuchung zu einem erstaunlichen Ergebnis. Zitat aus einer christlichen Männer-Zeitschrift: „Die sexuelle Unzufriedenheit in der eigenen Partnerschaft ist der häufigste Grund für einen Seitensprung, wie eine wissenschaftliche Studie der Universität Göttingen ergab: Von 2601 untersuchten untreuen Männern und Frauen begründeten 79 Prozent der Männer und 85 Prozent der Frauen damit den Seitensprung."[4] Man sieht also, wie aktuell die Anweisungen des Paulus heute noch sind.

Fassen wir zusammen: Es ist ein Kardinalfehler, wenn ich die Norm der Bibel verlasse, populäre Meinungen ungeprüft als von Gott gegeben ansehe und diese zur Grundlage einer seelsorgerlichen Beratung mache. Stattdessen sollte ich als Seelsorger der Bibel und *nur* der Bibel verpflichtet sein. Sie allein ist Gottes Norm. Nur was ihr entspricht, ist „norm-al". Nur in ihr kann ich das göttliche Original entdecken, verstehen und in anderen entwickeln helfen.

Ich bin der festen Überzeugung, dass nur diese Rückkehr zum Original dauerhaften Segen und dauerhafte Hilfe für Ehepaare in Not bringen kann. Das gilt auch und gerade bei Problemen in Sachen Sex. Hierzu sollten wir als Christen am meisten zu sagen haben. Denn viele von uns tragen Sonntag für Sonntag ein erregendes Stück heißester erotischer Literatur in die Gemeinde und legen das sogar offen auf ihren Platz. Nur wissen viele nichts davon. Mehr dazu im nächsten Kapitel, einem der wichtigsten Kapitel dieses Buches.

Kapitel 6

Wie guter Sex aussehen kann: das Hohelied

Stell dir mal vor, es ist Sonntag und du gehst in deine Gemeinde. Freundlich begrüßt dich dein Pastor. Dann siehst du, wie er ein Buch auf seinen Platz legt. Es ist der alte Klassiker aus den Siebzigern von Alex Comfort, „Joy of Sex". Leicht irritiert wendest du dich einem deiner Gemeindeältesten zu, um ihn zu begrüßen. Und was klemmt unter seinem Arm? Die Fortsetzung „More Joy of Sex" vom selben Autor. Während du dich still fragst, ob du dich nicht vielleicht doch in der Tür geirrt hast, wirst du herzlich von der Frau eines anderen Gemeindeältesten begrüßt. Begeistert hält sie dir ein Buch hin und sagt: „Da habe ich gestern drin gelesen, also, das ist ja so was von interessant!" Du traust deinen Augen nicht. In ihrer Hand hält sie

„Die perfekte Liebhaberin: Sextechniken, die *ihn* verrückt machen". Während sie noch redet, kommt ihr Mann um die Ecke: „Hallo, grüß dich! Ach, Linda zeigt dir gerade ihren Lesestoff. Ein echt tolles Buch, sage ich dir!" Dabei blinzelt er seiner Frau vielsagend zu. „Ich habe mir gleich das Gegenstück dazu besorgt – hier!" Langsam beginnen sich weiße Schwaden vor deinen Augen zusammenzuziehen. Während dir der liebe Gemeindeälteste sein Buch „Der perfekte Liebhaber: Sextechniken, die *sie* verrückt machen" zeigt, wendest du dich freundlich ab, setzt dich hin und verlierst das Bewusstsein. Das war jetzt einfach ein bisschen zu viel für dich – wer rechnet denn in einer Gemeinde mit so etwas?

Eine herrliche Geschichte, nicht wahr? Und so realistisch! – Realistisch??? Vielleicht fragst du dich jetzt, in was für eine Gemeinde ich wohl gehe. Nun, zugegeben: Die in der obigen Geschichte genannten Bücher habe ich noch bei keinem der Gemeindeglieder unter dem Arm gesehen (schade eigentlich ...), sehr wohl aber – die Bibel. Und mit ihr ein meisterhaftes Werk prickelnder erotischer Literatur: das Hohelied, auch Lied der Lieder genannt. Es ist nur schade, dass dieses literarische Meisterwerk unscheinbar versteckt zwischen Prediger und Propheten ein trübseliges Dasein fristet. Wohl kaum ein Teil des vom Heiligen Geist offenbarten Wortes Gottes wird so gekonnt ignoriert wie dieser. Und wenn er doch mal Beachtung findet, so nur als Allegorie. Ich darf an dieser Stelle erneut auszugsweise die Wikipedia-Enzyklopädie bemühen:

„Gemäß der allegorischen Auslegungsmethode wurde in Antike und Mittelalter von Juden und Christen die erotische Annäherung, von der das Gedicht handelt, als Beschreibung der Liebe zwischen Gott und seinem auserwählten Volk (im Judentum) bzw. zwischen Christus und der Kirche als Braut Christi (im Christentum) interpretiert. Diese Interpretation wurde innerhalb des Judentums besonders entschieden von Rabbi Akiba im 2. Jahrhundert betrieben. Er interpretierte das Lied als eine Darstellung der Beziehung zwischen Gott und dem Volk Israel. Folglich verurteilte er entschieden eine weltliche, erotische Auslegung und einen entsprechenden gesanglichen Vortrag des Liedes. Diese Interpretation Akibas war über Jahrhunderte hinweg dominant. … Der Interpretationsstrang wurde vom Christentum fortgesetzt. Dabei handelte es sich bei Hippolyt beim Bräutigam um Christus und der Braut um die Kirche, bei Origines um die Einzelseele und bei Ambrosius von Mailand um die Jungfrau Maria. … Während das Hohelied im Mittelalter sehr häufig kommentiert und als Predigtstoff verwendet wurde – herausragend hierfür sei Bernhard von Clairvaux genannt –, spielt es in der heutigen Frömmigkeitspraxis der Großkirchen kaum noch eine Rolle.“[1]

Nicht nur in den Großkirchen, möchte man hinzufügen. Die rein allegorische Auslegung des Hoheliedes ist ebenfalls Teil unseres verklemmten Erbes – allmählich wird dir sicher klar, warum das Buch, das du gerade liest, diesen Titel trägt. Die Christenheit war schon immer gut darin, unliebsame Bibelstellen so lange umzudeuten, bis sie das jeweilige selbst gezimmerte, fromme Weltbild nicht mehr störten. Oder wie es ein Prediger einmal sagte: „Im Auslegen sei frisch und munter – legt sich's nicht aus, dann leg was unter.“ Wenn also das Hohelied nur und ausschließlich eine Allegorie ist und mit Erotik nichts zu tun hat, dann mögen mir die Verfechter dieser Theorie folgende beispielhaften Verse aus dem Hohelied doch bitte genauer auslegen:

> „Siehe, schön bist du, meine Freundin. Siehe, du bist schön! … Die Biegungen deiner Hüften sind wie Halsgeschmeide, ein Werk von Künstlerhand. Dein Schoß ist eine runde Schale. Nie mangle es ihr an Mischwein! … Deine beiden Brüste sind wie zwei Kitze, Zwillinge der Gazelle … Lass duften meinen Garten, lass strömen seine Balsamöle! Mein Geliebter komme in seinen Garten und esse seine köstlichen Früchte! … Esst, Freunde, trinkt und berauscht euch an der Liebe!“ (Hohelied 4,1; 7,2–4; 4,16; 5,1).

Frage: Wie blind muss man sein, um das Hohelied in seiner Gesamtheit einzig und allein für eine allegorische Beschreibung der

Liebe Christi zu seiner Gemeinde zu halten? Wie verklemmt und wie prüde muss man sein, um die erotischen Beschreibungen dort zu ignorieren? Wenn du die Bibel als Gottes Wort ernst nimmst, dann wirst du nach dem Lesen des Hoheliedes zweierlei feststellen können: Ja, die allegorische Auslegung ist *eine* Option. Schließlich vergleicht auch Paulus im Neuen Testament in Epheser 5 die Beziehung von Mann und Frau mit der von Christus zu seiner Brautgemeinde. Gegen diesen grundsätzlichen Vergleich ist also nichts einzuwenden. **In erster Linie aber ist das Hohelied Gottes Beschreibung von gutem Sex in der innigen Beziehung eines Liebespaares – mit zum Teil sogar ziemlich deutlich beschriebenen Handlungen, Praktiken und Orten.** Dass es dieses Buch ins Wort Gottes hinein geschafft hat, ist kein menschlicher Betriebsunfall, denn Gott wacht über seinem Wort. Es ist Gottes volle Absicht, seinen Kindern verbindliche Anleitungen für ein erfülltes Sexualleben zu geben. Wenn du dich als Christ bezeichnest und sagst, dass die Bibel die Basis deines Lebens ist – dann kannst und darfst du auch das Hohelied nicht ignorieren. Es ist genauso verbindlich wie alle anderen biblischen Bücher.

Machen wir uns also auf die Suche nach diesen Anleitungen, die Gott in sein Wort geschrieben hat. Erfahren wir dabei, wie *er* sich guten Sex vorstellt. Du wirst staunen! Also: Welche Bestandteile einer erfüllten sexuellen Beziehung entdecken wir? Ich nenne auszugsweise Beispiele. Das Vergnügen, das ganze Hohelied durchzulesen, will ich dir jedoch nicht nehmen!

Küsse

Er küsse (oder *bedecke*) *mich mit Küssen seines Mundes, denn deine Liebe ist köstlicher als Wein* (Hohelied 1,2).

Schon der Zusammenhang macht deutlich, dass es sich hier nicht um ein harmloses Küsschen auf die Wange handelt. Wer leidenschaftlich liebt, küsst! Der Vergleich mit dem Wein verrät, dass Liebende Küsse noch intensiver genießen als einen guten Wein, den man lange und genussvoll im Mund behält. Logisch, dass deshalb erotische Zungenküsse ein Teil dieser „Kuss-Theologie“ sind, aber auch Küsse am Körper – am *ganzen* Körper.

Streicheln und manuelle Befriedigung

Seine Linke liegt unter meinem Kopf, und seine Rechte umfasst (oder *herzt*) *mich* (Hohelied 2,6).

Neben dem Mund sind auch die Hände bevorzugte Werkzeuge von Liebe und Zärtlichkeit. Die Liebende wird von ihrem Liebhaber gestreichelt, geherzt, erregt. Die angedeutete Körperhaltung lässt auch Raum für manuelle Befriedigung und Stimulation im Intimbereich. Dem Umgang der Liebenden im Hohelied entsprechend kannst du von angenehmen, liebevollen, zärtlichen und tabulosen Berührungen ausgehen.

Sex, der nicht warten kann

Zieh mich dir nach, lass uns eilen! Der König möge mich in seine Gemächer führen! Wir wollen jubeln und uns freuen an dir, wollen deine Liebe preisen mehr als Wein! (Hohelied 1,4).

Schon wieder der Wein, der für ein berauschendes Erlebnis steht. Guter Sex kann nicht nüchtern und kühl sein – genauso wenig, wie du eine Flasche Wein trinken kannst, ohne mehr oder weniger betrunken zu werden. Szenen, wo ein Paar wie berauscht übereinander herfällt und der Weg ins Schlafzimmer mit zurückgelassenen Kleidungsstücken übersät ist, findest du in manchen Filmen. Hier die biblische Entsprechung: „Zieh mich dir nach, beeil dich!", sagt die Frau in diesem Bibelwort. Sex kann eben manchmal nicht warten. Und die Lüge, dass Frauen immer die passivere Rolle beim Sex einnehmen, wird bei dieser Gelegenheit auch gleich als solche enttarnt.

Komplimente, die auf den Körper zielen

Eine Blütentraube vom Hennastrauch ist mir mein Geliebter, aus den Weinbergen von En-Gedi. Siehe, du bist schön, meine Freundin, siehe, du bist schön, deine Augen sind Tauben (Hohelied 1,14–15).

Es ist schon eine Freude zu lesen, wie die Liebenden im Hohelied sich mit Komplimenten überhäufen. Da es hier um Sex geht, suchen wir Komplimente wie „Du hast echt einen tollen Charakter und bist geistlich so reif" vergeblich. Es geht um den Körper, das Aussehen, die erotische Ausstrahlung. In den körperlichen Beschreibungen gibt es im ganzen Hohelied kein Tabu: Der Schoß, die Brüste – alles wird gelobt, beschrieben, mit Komplimenten bedacht. Erotische Worte, die nur auf das eine hinaus wollen. Ein Tipp: Manche biblischen Begriffe müssen vor Gebrauch in unserer Zeit ein wenig adaptiert werden. Es könnte sein, dass eine Frau es heute nicht mehr als Kompliment auffasst, wenn ein Mann ihr Haar wie in Hohelied 4, Vers 1 mit einer Herde Ziegen vergleicht …

Sex in freier Natur

Siehe, auch du bist schön, mein Geliebter, und hold, und unser Lager ist frisches Grün. Die Balken unseres Hauses sind Zedern, unsere Dachsparren sind Wacholder (Hohelied 1,16–17).

Komm, mein Geliebter, lass uns aufs Feld hinausgehen! Wir wollen unter Hennasträuchern die Nacht verbringen. Wir wollen uns früh aufmachen zu den Weinbergen, wollen sehen, ob der Weinstock treibt, die Weinblüte aufgegangen ist, ob die Granatapfelbäume blühen. Dort will ich dir meine Liebe schenken (Hohelied 7,12–13).

Wer ist sie, die da heraufkommt aus der Wüste, an ihren Geliebten gelehnt? Unter dem Apfelbaum habe ich dich geweckt, dort empfing dich deine Mutter, dort empfing sie dich, die dich gebar (Hohelied 8,5).

Wo bitteschön will sie ihm ihre Liebe schenken? Draußen. Unter Hennasträuchern. Auf frischem Grün. In der freien Natur. Nicht öffentlich, sondern gut versteckt. Sogar die Mutter des Liebenden hatte Sex unter einem Apfelbaum, als sie mit ihm schwanger wurde. Mehrfach erwähnt das Hohelied körperliche Liebe in freier Natur. Und das hat seinen Grund: Bei den damaligen Wohnverhältnissen schlief oftmals die ganze Familie in einem Raum. So war die abgeschiedene Natur für viele Paare eine der wenigen Möglichkeiten, sich ungestört zu lieben. Heute ist das anders. Deshalb nenne ich hier zwei Möglichkeiten, diese Bibelworte in unsere Zeit zu übertragen: Die freie Natur damals mag heute für die einen die Abgeschiedenheit und Sicherheit eines abgeschlossenen Raumes sein. Andere, die vielleicht ein wenig experimentierfreudiger sind, mögen die Aufforderung zum Sex in freier Natur wörtlich nehmen. Ganz gleich jedoch, wie man sich nun entscheidet – für beides gelten die selbstverständlichen Grundsätze geschützter Intimität:

- Beide wollen es.
- Beide fühlen sich sicher.
- Man ist allein und ungestört.
- Niemand wird absichtlich provoziert.

Körperliche Liebkosungen ohne Tabuzonen

Wie ein Apfelbaum unter den Bäumen des Waldes, so ist mein Geliebter unter den Söhnen. In seinem Schatten zu sitzen, gelüstet es mich, und seine Frucht ist meinem Gaumen süß (Hohelied 2,3).

Sein Gaumen ist Süßigkeit, und alles an ihm ist begehrenswert (Hohelied 5,16a).

Zweimal wird Süßes im Gaumen erwähnt – einmal in dem Zusammenhang, dass alles (wirklich alles!) an ihm begehrenswert ist. Das heißt für mich: Ich glaube, dass sich die Liebenden auch oral stimuliert haben. Bitte beachte aber: Es gibt einen großen Unterschied zwischen „Oralverkehr" (also den Mund der Frau wie ihre Scheide zu behandeln) und oraler Stimulation. Ersteres empfinden viele Frauen zu Recht als entwürdigend und wenig attraktiv. Auch würde das zu den sonstigen Beschreibungen der Liebenden im Hohelied überhaupt nicht passen. Orale Stimulationen beider Liebenden an den Geschlechtsorganen des geliebten Partners passen da viel eher ins Bild, weil eben alles an ihm (und auch an ihr) begehrenswert ist. Und wir erinnern uns: Alles heißt wirklich *alles*.

Striptease für den Partner

Meine Taube in den Schlupfwinkeln der Felsen, im Versteck an den Felsstufen, lass mich deine Gestalt sehen, lass mich deine Stimme hören! Denn deine Stimme ist süß und deine Gestalt anmutig (Hohelied 2, 14).

Ich räume offen ein, dass hier vielleicht doch eher die Männer zu ihrem Recht kommen. Obwohl auch die Liebende im Hohelied den Körper ihres Liebhabers preist, ist Striptease doch in den meisten Fällen eher bei Männern beliebt. Aber, lieber Mann: Wenn deine Frau das von dir sehen will, hast du keine Ausrede! Der Liebende im Hohelied möchte die Figur seiner Geliebten sehen – wiederum in freier Natur. Und er wählt dafür sensible Worte voller Komplimente. Hier können wir einen Unterschied sehen zwischen göttlicher Erotik und weltlicher Lust. Denn die Aufforderung zum Striptease im Partyhit „Zieh dich aus, kleine Maus, mach dich nackig" dürfte eine Frau wesentlich weniger anmachen als die Art, die der Liebhaber im Hohelied wählt.

Lust auf Liebe zu nachtschlafender Zeit

Auf meinem Lager zur Nachtzeit suchte ich ihn, den meine Seele liebt, ich suchte ihn und fand ihn nicht ... Kaum war ich an ihnen vorüber, da fand ich ihn, den meine Seele liebt. Ich ergriff ihn und ließ ihn nicht mehr los, bis ich ihn ins Haus meiner Mutter gebracht hatte und in das Gemach derer, die mit mir schwanger war (Hohelied 3,4).

Beschrieben wird eine Frau der Tat. Es ist Nacht und sie sucht ihren Geliebten. An Schlaf denkt sie nicht. Sie durchstreift die Stadt, fragt die Nachtwächter, sucht und sucht. Als sie ihn findet, greift sie zu und schleppt ihn ab nach Hause. Der gute Mann hatte wirklich keine Chance zu entkommen. Aber ich glaube, er hat sich nicht beschwert.

Bei dieser Gelegenheit muss zum Schrecken konservativer Christen erwähnt werden, dass das Hohelied durchaus zwei Liebende beschreiben könnte, die zwar aufeinander fixiert, aber noch nicht miteinander verheiratet waren. Schon die oben genannten Verse würden da Rätsel aufgeben: eine Ehefrau, die ihren Mann des Nachts sucht, ihn nicht findet, und – als sie ihn endlich gefunden hat – ins Haus ihrer Mutter bringt? Das passt irgendwie nicht zusammen. Setzt das andere Bibelstellen zum Thema Ehe außer Kraft? Gewiss nicht. Aber es ist eine Spannung, die wir aushalten müssen. Und vielleicht ein Hinweis darauf, dass die Bibel auch in diesem Thema der Herzenshaltung mehr Bedeutung einräumt als der Form.

Übrigens ist das nicht die einzige Spannung, die wir im Hohelied zu ertragen haben. Die Liebenden, welche uns hier die von Gott geschaffenen Freuden von Sex und Erotik vorstellen, sind König Salomo und seine Lieblingsfrau Sulamith. So findet man im Hohelied Passagen wie *„Sechzig Königinnen sind es und achtzig Nebenfrauen und Mädchen ohne Zahl. Eine nur ist meine Taube, meine Vollkommene ...“* (Hohelied 6,8–9a). Es wäre allerdings fatal, wegen solcher Verse das Hohelied als Ganzes verwerfen zu wollen. Ich weiß nicht, warum Gott die damals praktizierte Vielehe, die Salomo letztlich zum Verhängnis wurde, tolerierte. Seinem Schöpfungsplan entsprach sie jedenfalls nicht. Interessant ist jedoch, dass Salomo trotz seiner vielen Frauen und Nebenfrauen offenbar nur bei Sulamith echte Liebe und Erfüllung geben und empfangen konnte. Das wiederum stärkt die Funktion des Hoheliedes als göttlichen Wegweiser für lebenslange Sinnesfreuden in einer monogamen Beziehung.

Aufforderung zum Sex

Mein Geliebter komme in seinen Garten und esse seine köstlichen Früchte! (Hohelied 4,16b).

Diese Frau hatte verstanden, was ihr Geliebter will. Statt ein bisschen herumzuschmusen und „mal zu schauen, was sich so ergibt“, lädt sie ihren Geliebten direkt ein: „Komm! Komm in deinen Garten! Er gehört dir – samt allen köstlichen Früchten. Ich warte darauf, ich will das.“ Unser verklemmtes Erbe hat es christlichen Frauen fast abgewöhnt, ihre Männer so direkt zu verführen. Aber welcher Mann würde nicht gerne einer solchen Aufforderung nachkommen? Der Liebende im Hohelied ließ sich bestimmt nicht zweimal bitten.

Berauschender Sex mit allen Schikanen

Ich komme in meinen Garten, meine Schwester, meine Braut. Ich pflücke meine Myrrhe samt meinem Balsam, esse meine Wabe samt meinem Honig, trinke meinen Wein samt meiner Milch. Esst, Freunde, trinkt und berauscht euch an der Liebe! (Hohelied 5,1).

Jetzt gibt es beim Liebenden kein Halten mehr. Er kommt in seinen Garten und beginnt ein Festmahl. Bedenke bitte: Hier geht es um

Sex, nicht um die Obsternte! Der Liebende begnügt sich nicht damit, im Garten einen Apfel zu essen und das war's dann. Er räumt das ganze Buffet ab: Myrrhe, Balsam, Waben, Honig, Wein, Milch. Will heißen: Wohlriechend, würzig, süß und berauschend zelebrieren die Partner die körperliche Liebe – in allen nur erdenklichen Varianten und Positionen, mit allem, womit man sich nur gegenseitig beglücken kann. Und gleichzeitig rufen sie uns (ja *uns*, die Bibel ist für *uns* geschrieben!) zu: Esst, Freunde, trinkt und berauscht euch an der Liebe! Dafür hat Gott sie geschaffen. Legt euer verklemmtes Erbe ab und geht in euren Garten! Esst alles, was ihr kriegen könnt! Berauscht euch aneinander! Ob sie damit bei den heutigen Christen wohl Gehör finden? Es bleibt zu hoffen.

Gegenseitiges Verlangen

Mein Geliebter streckte seine Hand durch die Öffnung, da wurden meine Gefühle für ihn erregt (Hohelied 5,4).

Ich gehöre meinem Geliebten, und nach mir ist sein Verlangen (Hohelied 7,11).

Das Verlangen der Liebenden musste nicht in langen Übungen geweckt werden. Es war latent vorhanden, bei der Frau wie beim Mann. Der Geliebte stand vor der Tür und steckte nur seine Hand durch die Öffnung – das reichte aus, um die Gefühle der Frau zu erregen. So sehr zu erregen, dass sie ihn des Nachts wiederum sucht, sich von den Wächtern verwunden und berauben lässt, nur, um ihn zu finden. Warum? Sie gehört ihm. Sie gehört sich nicht mehr selbst. Und sein Verlangen nach ihr ist ebenso latent vorhanden.

Leidenschaft als göttliche Erfindung

Leg mich wie ein Siegel an dein Herz, wie ein Siegel an deinen Arm! Denn stark wie der Tod ist die Liebe, hart wie der Scheol die Leidenschaft. Ihre Gluten sind Feuergluten, eine Flamme Jahs (Hohelied 8,6).

Viel extremer als hier kann man es wohl nicht ausdrücken. Das physische und psychische Verlangen zweier Liebender ist stark wie der Tod, geradezu höllisch heiß. Der Vergleich mit der Hölle – dem Scheol, dem Totenreich – kommt aus dem Bibeltext, nicht von mir. Aber der Text lässt auch keinen Zweifel am Urheber dieser Leidenschaft. Es ist „Jah", die Kurzform von „Jahwe" – dem Gott der Bibel.

Das ist die göttliche Beschreibung davon, wie guter Sex aussehen kann. Das ist der biblische Maßstab. Das ist das Niveau, das Gott vorbereitet hat und das wir anstreben dürfen. Aber wir werden es nie auch nur annähernd erreichen, solange wir die Weisheit des Hoheliedes vergeistlichen und ent-erotisieren. Wenn wir aber zum eigentlichen Inhalt dieses Buches zurückkehren, warten leidenschaftliche Zeiten auf uns. Was würdest du davon halten, wenn die Menschen ohne Jesus all ihre Ersatzdrogen (ständige Partnerwechsel, Pornografie, Prostitution, Perversitäten – man könnte fast von den vier großen „P" sprechen) in den Müll werfen würden? Was wäre, wenn Menschen erkennen würden: „Dieser Gott hat das Urheberrecht auf guten Sex. Und wenn dieser gute Sex nur im Rahmen einer dauerhaften Beziehung zwischen Mann und Frau so gut funktioniert, dann lasse ich mich darauf ein. Warum hat mir das nur keiner von den Christen früher verraten?"

Die letzte Frage versuche ich zu beantworten: Vielleicht, weil sie es selbst nicht wussten oder wissen wollten. Vielleicht, weil sie selbst viel zu sehr mit ihrem verklemmten Erbe zu tun hatten. Aber die Welt wartet auf eine neue sexuelle Revolution. Eine Revolution der Treue, der Leidenschaft und der Beständigkeit. Eine Rückkehr zu den Wurzeln des Wortes Gottes. Und eine Wiederentdeckung des Hoheliedes.

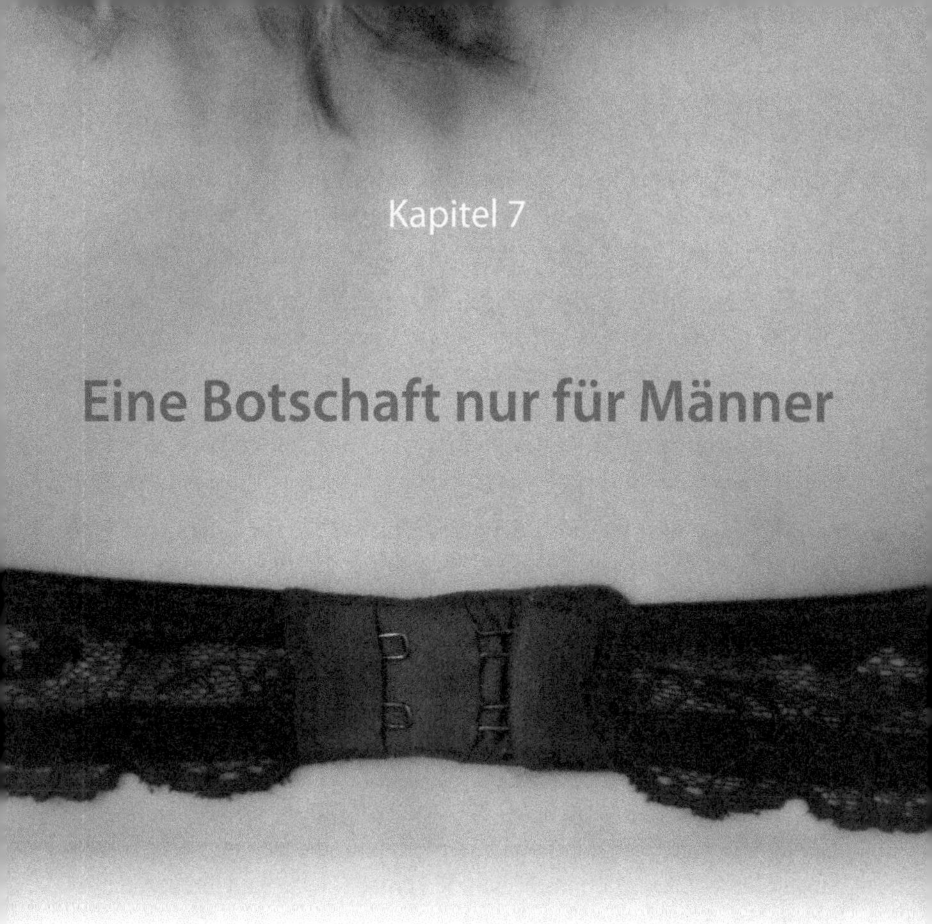

Kapitel 7

Eine Botschaft nur für Männer

Verstanden? Nur für Männer heißt wirklich nur für Männer. Wenn du eine Frau bist: Was hast du in diesem Kapitel zu suchen? Dein Kapitel kommt als nächstes. Es bringt dir gar nichts, dich hier über die Verpflichtungen informieren zu wollen, die dein Mann hat. Kümmere dich um *deine* Hausaufgaben und lass ihn *seine* machen. In Ordnung? Danke für dein Verständnis und auf Wiederlesen im nächsten Kapitel.

So, Männer – jetzt, wo wir unter uns sind, können wir mal Klartext reden. Es gibt viele gute Literatur über Mannsein aus christlicher Sicht. Was kann ich also in diesem einen Kapitel schon bewegen? Nun, ich möchte mich auf das Thema dieses Buches konzentrieren. Du erinnerst dich – es geht um guten Sex. Und um guten Sex zu haben, muss man erst mal verstehen, dass Sex bei Frauen nicht erst beim Ausziehen beginnt. Frauen empfinden in manchen Dingen anders als

Männer. Das muss kein Problem sein, wenn beide „auf die richtigen Knöpfe drücken“. Ein paar dieser Knöpfe für guten Sex möchte ich dir in diesem Kapitel ohne Anspruch auf Vollständigkeit vorstellen.

Zunächst ein Buchtipp, dessen Titel mich schon neugierig machte: „Sex beginnt in der Küche“ von Kevin Leman, erschienen im Brunnen Verlag. Dort steht auf der Rückseite unter anderem: „Warum Sex in der Küche beginnt und manchmal auch dort endet“ und „Warum den Müll runterzutragen die gleiche Wirkung haben kann wie ein romantisches Abendessen“. Damit ist eigentlich schon alles gesagt.

Als Mann hast du meist die zweifelhafte Fähigkeit, Sex und den Rest deines Lebens und deiner Beziehung irgendwie zu trennen. Deine Frau hat diese Fähigkeit eher nicht. Wenn bei euch der Haussegen schief hängen würde (banale Anlässe dazu gibt es genug, die Kunst ist, diese früh zu erkennen!) und deine Frau würde dich trotzdem unten hinpacken und dabei sagen: „Auf ins Schlafzimmer, ich habe Lust auf dich“ – dann könntest du wahrscheinlich in Sekunden vom „Ich bin genervt“- auf den „Ich bin scharf“-Modus umschalten. Deine Frau kann das nicht so gut. Sie kann und will eure sexuelle Beziehung nicht von eurer sonstigen Beziehung trennen, und das soll sie auch nicht. Deshalb im Folgenden einige Gedanken dazu, die mir besonders wichtig geworden sind:

1. Sei offen zu ihr und erlaube es dir, Gefühle zu zeigen

Herzens-Kommunikation ist für deine Frau von entscheidender Wichtigkeit. Sie will wissen, was in dir vorgeht, und wünscht sich, dass du das Gleiche von ihr wissen willst. Aber dafür musst du deinen Anspruch „Ich bin stark, ich habe alles unter Kontrolle, ich zeige weder Schwächen noch Gefühle“ ablegen. Was für ein hirnverbrannter Unsinn, dass Männer keine Gefühle zeigen dürfen! Wenn das in deinem Beruf gefordert ist, dann mag das vielleicht noch in Ordnung sein. Aber bei deiner Frau darfst du es nicht nur, du sollst es sogar! Nimm Jesus als Vorbild. War er immer cool, lässig und souverän? Bei Weitem nicht! Mehrmals wird beschrieben, wie Jesus „innerlich bewegt“ war, wie er sogar über Jerusalem und seinen Freund Lazarus weinte oder im Garten Gethsemane kurz vor der Kreuzigung innerlich zusammenbrach. Deshalb: Mach's wie Gott – werde Mensch! Erzähle deiner Frau über deine Probleme auf deiner Arbeit und interessiere dich für ihre Alltagsprobleme (auch, wenn du meinst, dass diese im Vergleich zu deinen viel kleiner sind). Lass deine Frau an dein Herz. Gib ihr die Chance, an deinem Leben Anteil zu haben, und nimm Anteil an ihrem Leben.

2. Überschütte sie mit Wertschätzung und Bestätigung

Die Aufforderung aus Epheser 5: *„Ihr Männer, liebt eure Frauen, wie auch der Christus die Gemeinde geliebt und sich selbst für sie hingegeben hat"*, drückt in erster Linie Schutz und Hingabe aus. Hast du Jesus schon mal sagen hören: „Alles klar, Leute: Ich habe euer nichtsnutziges Leben am Kreuz erkauft, und deshalb gehört ihr jetzt mir. Alles hört auf mein Kommando, denn ich bin hier der Chef!" Unvorstellbar, oder? Stattdessen sagt er dir zu, dass dich nichts aus seiner Hand reißen kann. Er ermutigt dich, in seinen Gaben zu wachsen. Er vergibt dir, wenn du gefehlt hast. Kurzum: Er steht an deiner Seite.

Genau dieses Gefühl braucht deine Frau. Gib ihr Anerkennung und Wertschätzung. Bestätige ihr immer wieder mit Worten und Taten, wie wichtig sie für dich ist. Suche Gründe zum Loben – du wirst fündig werden. Erwische sie dabei, wie sie Gutes tut und Dinge richtig macht. Gib ihr das Gefühl, einer der wertvollsten Menschen auf der Welt zu sein. Und lass keinen Zweifel daran, dass du keine bessere Frau hättest bekommen können. Ach ja: Orientiere dich auch in Sachen Komplimente ruhig am Hohelied – auch, wenn deine Frau nach zwei Geburten vielleicht keine Teenager-Figur mehr hat. Denn auch hier gilt: Wer Gutes sucht, wird Gutes finden.

Übrigens: Im Judentum liest der Hausvater zu jedem Sabbat-Beginn (also einmal in der Woche!) seiner Frau vor den Ohren der Kinder das „Lob der tüchtigen Hausfrau" aus Sprüche 31 vor. Können wir daraus als Männer nicht etwas lernen? Wenn deine Frau den Eindruck hat, dass in deinem Herzen das Wort aus Sprüche 31, Vers 29 zutrifft: *„Viele Töchter haben sich als tüchtig erwiesen, du aber übertriffst sie* *alle!"* – dann stehen dir nicht nur ihr Herz, sondern alle Türen offen. Auch die Schlafzimmertür. Oder die Küche, wenn der Sex dort nicht nur beginnen, sondern auch mal enden sollte.

3. Sprich *ihre* Sprache der Liebe

Sicher kennst du die fünf Sprachen der Liebe schon. Hier noch mal zum Auffrischen in Kurzform:

- Zweisamkeit
- Lob und Anerkennung
- Hilfsbereitschaft
- Geschenke
- Zärtlichkeit

Eine Beziehung braucht jede dieser Sprachen, aber der Mix ist immer unterschiedlich. Selten sprechen beide Ehepartner exakt dieselben Muttersprachen. Während du möglicherweise die Liebessprache „Geschenke" bevorzugst, ist für deine Frau vielleicht Zweisamkeit viel wichtiger. Finde heraus, was ihr wirklich etwas bedeutet – und dann sprich *ihre* Sprache! Im oben genannten Beispiel könnte es also sein, dass es für deine Frau viel wichtiger ist, dass du Zeit mit ihr verbringst, als dass du ihr fortwährend Geschenke machst. Wenn Zweisamkeit ihre liebste Sprache ist, möchte sie deine Zeit und dein Herz – und nicht Pralinen.

Das Erlernen der Muttersprache des Partners ist einer der größten Liebesbeweise, die ein Partner erbringen kann! Stell dir vor, du heiratest eine Französin. Was für ein Schlüssel zu ihrem Herzen, wenn du ihre Muttersprache erlernst und beim nächsten Familienbesuch in Paris ihre Eltern auf Französisch ansprichst! Die Botschaft „Du bist mir wichtig, deshalb ist mir auch deine Sprache wichtig" wird in ihrem Herzen ankommen. Auch dann, wenn die natürliche Sprache, in der eine Beziehung startete, in der Regel nicht gewechselt werden kann: Bei der Sprache der Liebe geht das schon.

4. Der Köder muss dem Fisch schmecken – nicht dem Angler

Hier ist es so ähnlich wie bei den Sprachen der Liebe. Finde heraus, was deiner Frau wichtig ist. Auf welche Dinge achtet sie – auch beim Sex? Ein Rezept dazu für euren nächsten Eheabend. (Ihr habt so etwas noch nicht regelmäßig? Deine Zahnarztbesuche terminierst du, aber nicht deine Eheabende? Der Typ, der in deinen Zähnen herumbohrt, hat sein Date mit dir sicherer als deine Frau? Dann heirate entweder deinen Zahnarzt oder gib deiner Frau die Wertschätzung fester Termine mir dir!) Also, macht es doch einmal so:

Jeder sagt über den anderen *zuerst* (!) etwas aufrichtig Positives und dann *eine* (!) Sache, für die er sich Veränderung wünscht. Sofort danach ist der andere dran. Erst, wenn beide beides gesagt haben, wird über die Veränderungswünsche gesprochen – beginnend bei dem, was deine Frau sich von *dir* wünscht. Wenn ihr das ein paar Wochen lang hintereinander macht, erfährst du viele nützliche Dinge. Du erfährst, was ihr wichtig ist. Das können Kleinigkeiten sein, die du für total unwichtig hältst. Aber wenn deine Frau es für wichtig hält, ist das Grund genug, dass auch du es ernst nehmen solltest. Das können Wünsche sein wie: „Ich wünsche mir, dass du dich öfter duschst“, oder „Ich wünsche mir, dass du diese oder jene Witze nicht mehr machst“, oder auch „Ich möchte, dass du dich rasierst, bevor wir intim werden“. Bis hin zum Klassiker: „Ich wünsche mir, dass du öfter den Müll runterträgst.“

Ihr solltet aber auch lernen, über eure sexuelle Beziehung genau so offen zu sprechen. Auch hier kann es sein, dass du dich über die Wünsche deiner Frau wunderst. Gib ihr die Wertschätzung, diese Wünsche erfahren zu wollen! Und höre zum Beispiel Antworten wie diese: „Ich wünsche mir, dass du mich überall küsst – auch da unten“, oder „Ich wünsche mir, dass du mir etwas mehr Zeit lässt auf Touren zu kommen, bevor du in mich reingehst“, oder auch „Ich wünsche mir anderes Licht im Schlafzimmer“. Viel Spaß dabei, auch nach vielen Ehejahren noch Neues zu entdecken!

Bei dieser Gelegenheit ein Hinweis – auch wenn dich deine Frau nicht direkt darauf anspricht: Ein normales Körpergewicht ist nicht nur gut für deine Gesundheit, sondern auch für euer Sexualleben. Gleiches gilt übrigens für moderate sportliche Betätigung, am besten gemeinsam.

5. Finde *dein* verklemmtes Erbe

Wo meinst du, liegt *dein* verklemmtes Erbe – also Dinge, die guten, göttlichen Sex behindern oder sogar verhindern? Wie du in diesem Kapitel gesehen hast, können das auch Dinge sein, die nicht sexueller Natur sind. Eine Einstellung wie „Als Mann darf ich keine Gefühle zeigen“ kann zum Beispiel so ein Hindernis sein, das guten Sex sabotiert. Und denke dran: Deine Frau ist für ihr Erbe zuständig und du für deines. Suche also nicht in fremden Gärten nach eigenen faulen Äpfeln. Dort wirst du nicht fündig werden, dafür musst du schon in deinen eigenen Garten gehen. Ach ja – dazu gehört auch, dass du das nächste Kapitel überspringst, denn das ist nur für Frauen.

6. Last not least: ein Wort zu direkten sexuellen Problemen

Wie du festgestellt hast, habe ich in diesem Kapitel über viele Dinge geschrieben, die nicht direkt etwas mit Sex zu tun haben, ihn aber sehr wohl positiv oder negativ beeinflussen können. Es gibt aber auch Probleme, welche direkten Einfluss auf dein Sexualleben und/oder auf die sexuelle Zufriedenheit deiner Frau haben. Das eine sind Erektionsstörungen und das andere ein zu früher Orgasmus. Erlaube mir, zu diesen „typisch männlichen“ Problemen ein paar Worte zu schreiben.

Erektionsstörungen

Es sollte sich inzwischen herumgesprochen haben, dass Erektionsstörungen beim Mann keine Schande sind. Selbst Werbespots thematisieren dieses Problem – etwas, was noch vor wenigen Jahrzehnten undenkbar gewesen wäre. Vergleichsweise viele Männer sind davon betroffen. Da diese Störungen nicht selten körperliche Ursachen haben, ist der Weg zum Arzt der richtige. In vielen Arztpraxen stehen sogar Aufsteller, welche die männlichen Patienten dazu auffordern, diese Probleme anzusprechen. Was könnte dich also daran hindern? Höchstens dein Stolz, das vor einem anderen Menschen zugeben zu müssen, und sei dieser auch nur dein Arzt. Tue es trotzdem – deiner Frau zuliebe! Stell dir vor, euer Sexualleben sieht trübe aus oder findet gar nicht mehr statt, nur weil du zu dickköpfig oder zu verschämt bist, Erektionsprobleme zuzugeben und bei deinem Arzt anzusprechen! Wie würdest du an der Stelle deiner Frau darüber denken? Was würde dich mehr verletzen? Die Tatsache, dass es im Bett nicht mehr läuft – oder die Tatsache, dass nur dein männlicher Dickkopf einer erfolgreichen Behandlung im Wege steht? Wenn dir dein Dickkopf wichtiger ist als deine Frau, dann sind in eurer Beziehung ohnehin ganz andere Schräglagen anzugehen, die mit Sex erst mal wenig zu tun haben. Also: Wenn es dich betrifft – ab zum Arzt. Lass deine Frau an der Behandlung Anteil haben und zeige ihr, dass dir ihre sexuelle Zufriedenheit etwas wert ist.

Verfrühter Orgasmus

Ein Erlebnis, das lustig und traurig zugleich ist: Vor einiger Zeit saß ich mit einem befreundeten Ehepaar zusammen und wir sahen uns einen Film im Fernsehen an. Nun kam in dem Film eine Szene vor, in der ein Mann und eine Frau miteinander schliefen. Es war keine klassische „Bettszene“, das Ganze war im Film durch dezente Beleuchtung recht jugendfrei kaschiert, aber jeder Betrachter wusste, dass die beiden gerade Sex miteinander hatten. Die Szene dauerte etwa eine halbe Minute. Nach vielleicht 10 oder 15 Sekunden sagte unsere Freundin, ohne weiter nachzudenken: „Oh, das dauert aber lange!“ Ich musste mich ernsthaft zurückhalten, um nicht laut loszulachen. Die unbedarfte, spontane Äußerung dieser lieben Frau warf kein gutes Licht auf die Liebhaber-Qualitäten ihres Mannes. Das hatte sie bestimmt nicht beabsichtigt, aber nun war es raus. Nach kurzer Zeit sprach ich den Mann darauf an. Seine Antwort war: „Na ja, ich bin eben von der schnellen Truppe.“ Damit schien das Thema für ihn erledigt zu sein. Überhaupt schien er nicht zu bemerken, dass seine Zugehörigkeit zur „schnellen Truppe" eine Einschränkung für seine Frau darstellen könnte. Es war eben so und basta. Andere Hinweise verdichteten bei mir den Eindruck, dass mein Freund eine distanzierte Beziehung zum Thema Sex hatte – so, als wäre es etwas Schmutziges, was man schnell hinter sich bringen müsste. Und täglich grüßt … das verklemmte Erbe.

Ich weiß nicht, wie sich ihre sexuelle Beziehung entwickelt hat, ebenso wenig, ob die Frau bei diesem Express-Sex jemals einen Orgasmus erlebt hat. Das geht mich auch gar nichts an. Ich weiß aber etwas anderes: Wenn du, lieber Mann, ähnliche Probleme hast, dann bist du auch dafür verantwortlich, diese anzupacken. Auch hier ist das Gespräch darüber der erste Schritt: Frage deine Frau, was sie besonders stark erregt und wie du ihr helfen kannst, zum Höhepunkt zu kommen. Probiert Liebespositionen aus, bei denen du weniger, aber deine Frau stärker erregt wird, damit sie die Chance hat, einen Höhepunkt zu erleben. Auch die Verwendung eines Kondoms zur Herabsetzung deiner sexuellen Empfindsamkeit kann eine Hilfe sein. Es gibt viele Lösungen für all diese Schwierigkeiten. Lass es nicht zu, dass dein Dickkopf den Weg zu diesen Lösungen versperrt, und mache dich zum Anwalt der Bedürfnisse deiner Frau.

P.S.: Habe ich dich doch erwischt, liebe Frau! Du meintest wohl, du könntest einfach unbemerkt dieses Kapitel lesen und keiner würde es mitbekommen. Weit gefehlt! Also gut: Vergeben und vergessen. Aber nimm dir dann wenigstens das nächste Kapitel so zu Herzen, wie du willst, dass dein Mann sich dieses zu Herzen nimmt. Versprochen?

P.P.S.: Lieber Mann, wenn schon deine Frau so neugierig ist, dann lass wenigstens du das Kapitel für die Frauen aus. Schließlich gehört das auch dazu, als Mann Haupt und Vorbild zu sein.

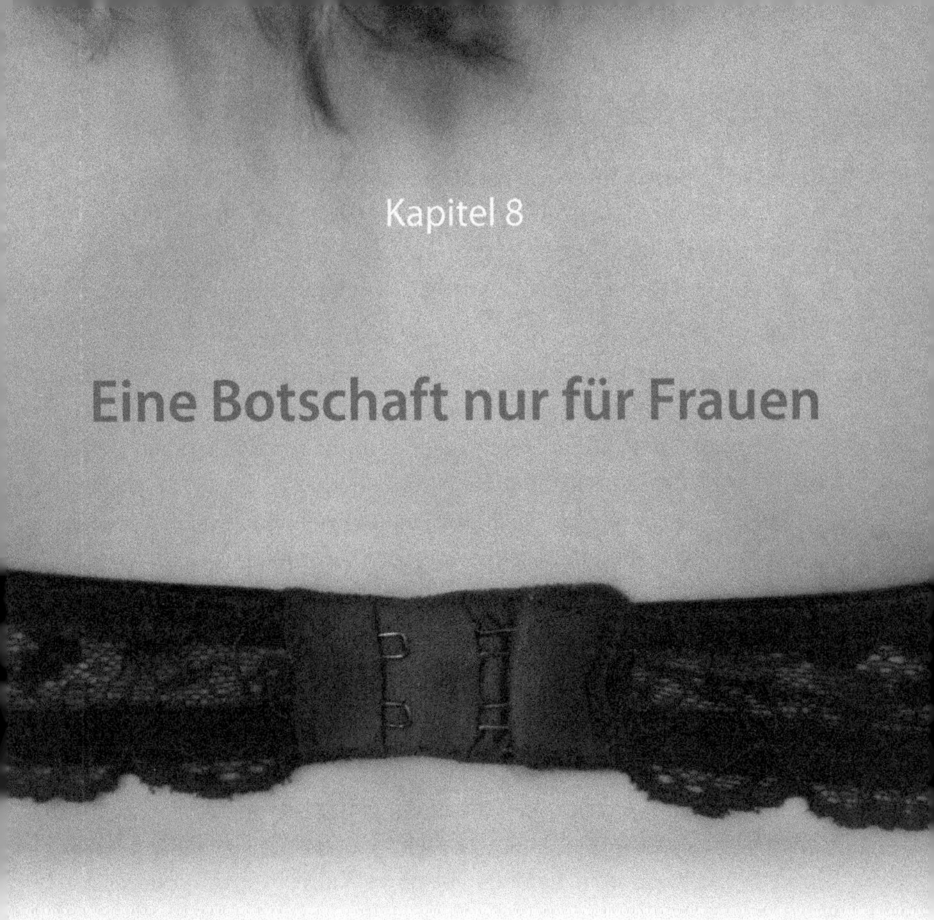

Kapitel 8

Eine Botschaft nur für Frauen

Lieber Mann: Warum liest du in einem Kapitel, das dich gar nichts angeht? Männer sind offenbar genauso neugierig wie Frauen. Dein Kapitel war eben! Es bringt dir gar nichts, dich hier über die Verpflichtungen informieren zu wollen, die deine Frau hat. Kümmere dich um *deine* Hausaufgaben und lass sie *ihre* machen. Alles klar? Also, ab zum nächsten Kapitel.

So, ihr lieben Frauen – das ist jetzt gar nicht so einfach für mich, euch etwas weiterzugeben. Vielleicht denkst du jetzt: „Was kann der mir schon erzählen, er ist doch ein Mann!" Richtig! Also kann ich dir erzählen, wie die meisten Männer ticken. Dazu möchte mich auf das Thema dieses Buches konzentrieren. Du erinnerst dich, es geht um guten Sex. Und zu diesem Thema habe ich schon vor langer Zeit einen genialen Artikel in einer christlichen Familienzeitschrift gelesen. Dort schrieb eine Frau namens Barbara Jakob über das Thema „Als Frau Sex genießen“ (Zeitschrift „Family“, Ausgabe 2/2000, erschienen im Bundes-Verlag). Ich werde mir erlauben, die eine oder andere Anregung aus diesem Artikel zu verwenden.

Zunächst: Ich war und bin von diesem Artikel begeistert. Und ich stellte schnell fest, warum diese Frau so offen und treffend schreiben konnte und warum ich mich als Mann in ihren Ausführungen zu 100 Prozent verstanden fühlte: Auch diese Frau hatte zunächst mit dem verklemmten Erbe zu kämpfen. In ihrem Fall war das die Doktrin, dass Sex etwas wäre, was eigentlich nur Männer bräuchten – für Frauen hingegen wäre es nur ein notwendiges Übel. Sie berichtete offen, dass sie einige Zeit brauchte, um ihre Verklemmtheit loszuwerden. Wie geschah dies? Nun, ihr Mann und sie hatten das Glück, in der christlichen Organisation, in der sie arbeiteten, ein um wenige Jahre älteres Ehepaar als Bezugspersonen zugeteilt zu bekommen. Offenbar wurde in dieser Organisation nicht nur Wert auf biblisches Wissen gelegt, sondern auch auf kommunikative und sexuelle Kompetenz. Wie gut! Ihre Mentoren gaben ihnen gute Bücher und sprachen ganz offen darüber, wie die beiden gemeinsam lernen könnten, mehr Spaß am Sex zu haben. Was für wertvolle Mentoren! Leider sind solche Kaliber (noch?) rar gesät.

Es verwunderte mich, dass die Autorin von vermehrten Klagen anderer Frauen berichtete, die sich von ihren Männern vernachlässigt fühlten. Offenbar scheint es viele Männer zu geben, die ihre gesamte Energie in die Karriere und die Freizeitaktivitäten stecken, sodass Zärtlichkeit und Sex zu kurz kommen. Und das können auch „fromme“ Freizeitaktivitäten sein! So viele Paare unterschätzen die Wichtigkeit des Zahnrades „Sex“ im Ehegetriebe. Und offenbar herrscht auch bei manchen christlichen Frauen eine gewisse Arglosigkeit, wenn es um die eheliche Treue ihrer Männer geht. Sie meinen, dass ihr Mann ja Christ ist und deshalb treu sein muss, auch, wenn zu Hause im Bett fast nichts oder gar nichts mehr läuft. Sie haben keine Vorstellung davon, welchen Versuchungen ein Mann heutzutage ausgesetzt ist. Hat der Mann zudem viele Kontakte zu Geschäftspartnern (unter denen auch immer mehr Frauen sind) oder ist er öfter unterwegs, potenziert sich das Risiko. Wie schon gesagt: Die Wichtigkeit der „schönsten Nebensache der Welt“ wird vielfach unterschätzt – oder totgeschwiegen. Viel lieber scheinen sich die Christen damit zu beschäftigen, nach dem „Ehe-Bruch“ die Scherben zusammenzufegen. Zitat aus dem Artikel: „Ich denke, dass es zum normalen Programm eines Hauskreises gehören müsste, über das Thema Sexualität zu sprechen – als Ehepaare gemeinsam, aber auch unter Frauen oder Männern. Sexualität ist ein viel zu wenig beachtetes Thema in vielen Gemeinden.“ Amen dazu, das ist auch ein Grund dafür, warum dieses Buch geschrieben wurde.

Da dies ja das Kapitel für Frauen ist (die Männer haben schon im vorherigen Kapitel „ihr Fett wegbekommen“, keine Sorge!) möchte ich darauf eingehen, was *du* als Frau tun kannst, wenn du die Qualität deiner sexuellen Beziehung zu deinem Mann verbessern willst. Vieles davon ist von besagtem Artikel inspiriert, anderes von mir ergänzt oder kommentiert. Schauen wir uns also einige Punkte an:

Deine Selbstannahme: der Schlüssel zur befreiten Sexualität

Wie siehst du dich selbst? Kannst du dich und deinen Körper annehmen? Wusstet du Folgendes: Nacktheit annehmen und lieben, den eigenen Körper berühren und streicheln können, sich selbst etwas Gutes gönnen – auch das ist ein Gradmesser deiner Selbstannahme Setze hier den Hebel an, wenn du in dem Bereich Defizite verspürst. Und vertröste dich nicht auf ein „Wenn ich erst einmal …“, zum Beispiel: „Wenn ich erst einmal x Kilo abgenommen habe, *dann* kann ich mich besser annehmen.“ Das ist eine Lüge. Der Grad deiner Selbstannahme ist davon unabhängig. Er hat mit deinem Inneren zu tun, nicht mit deinem Äußeren.

Deine Ehe ist wichtiger als deine Kinder

Die Kinder gehen irgendwann aus dem Haus, eure Ehe aber soll bis ans Lebensende halten. Gerade Frauen neigen dazu, dies umzukehren, und merken nicht, wie sie ihre Ehe damit demontieren. Lerne, deine Ehe an die erste Stelle zu setzen.

Ergreife die Initiative

Eine Frau, welche die Initiative zum Sex ergreift, ist eine wichtige Bestätigung für ihren Mann, begehrt zu sein. In aller Regel ist es für den Mann eine Freude, wenn die Frau dies tut. Sage jetzt nicht: „Das kann ich nicht, ich bin kein so initiativer Mensch". Stimmt das wirklich? In wie vielen Lebensbereichen kannst du initiativ sein – überlege einmal! Warum nicht beim Sex? Also: Begehre deinen Mann, ehe es jemand anders tut!

Sei kreativ

Was hindert uns, unsere von Gott gegebene Kreativität auch im Bereich der Sexualität einzusetzen? Den Ideen sind keine Grenzen gesetzt, solange es nur beiden Spaß macht. Auch hier gilt – sage nicht: „Das kann ich nicht, ich bin kein so kreativer Mensch." Stimmt das wirklich? In wie vielen Lebensbereichen kannst du kreativ sein! Vielleicht beim Basteln, mit deinen Kindern, beim Kochen, in deinem Beruf, in deinem Garten … Prüfe also, ob das Argument „Das kann ich nicht … So bin ich nicht …" vielleicht doch anders motiviert ist.

Lass dich inspirieren

Warum nicht ein gutes Buch zum Thema Sex nehmen, sich gegenseitig daraus interessante Passagen vorlesen und dann gemeinsam „üben"? Warum sich nicht von einem erotischen Liebesroman inspirieren lassen? Die Liebenden des Hoheliedes hätten damit kein Problem gehabt.

Tu etwas für das Auge deines Mannes

Männer sind für gewöhnlich stärker durch optische Reize zu stimulieren als Frauen. Also: Wie präsentierst du dich als Frau? Gerade wenn kleine Kinder da sind, kannst du natürlich nicht immer wie aus dem Ei gepellt aussehen. Doch wie du dich kleidest, sendet Botschaften aus. Selbst kleine Veränderungen können einiges bewirken. Und ganz am Rande: Ein normales Körpergewicht ist nicht nur gut für deine Gesundheit, sondern auch für euer Sexualleben. Gleiches gilt übrigens für moderate sportliche Betätigung – am besten gemeinsam.

Sex kann für Männer ein Weg sein, um Stress abzubauen oder Probleme zu vergessen

Eine Frau, die darum weiß, wird auch mal für einen „Quickie" zu haben sein, weil sie dadurch die Beziehung zu ihrem Mann zu stärken vermag – zumal ein spontanes Liebespiel auch der Frau viel Vergnügen bereiten kann.

Erotische Worte

Männer lieben es, wenn man ihnen erotische Worte ins Ohr flüstert oder auch den Wunsch nach Sex offen und unverblümt vorträgt. Vielleicht stehst *du* auf dezente Andeutungen – die meisten Männer tun das nicht. Auch erotische Gespräche oder Pläne als verbales Vorspiel, zum Beispiel auf der Autofahrt nach Hause, können ein Paar auf Touren bringen.

Erotische Berührungen

Frauen haben viele erogene Zonen. Männer vielleicht auch, aber sie kennen meist nur eine. Und sie mögen es, wenn man sie dort anfasst, um ihnen zu zeigen, dass man Lust auf sie hat. Oder heiße Blicke inmitten von Leuten, eine rasche, intensive Berührung – die meisten Männer stehen darauf.

Kreative Stellungswechsel

Immer nur Sex am gleichen Ort in der gleichen Position und meist nur unter der Decke? Die meisten Männer mögen es abwechslungsreicher. Probiert verschiedene Positionen aus, auch, um festzustellen, wo du als Frau einen (noch schöneren) Höhepunkt bekommst. Du brauchst dafür manchmal manuelle Unterstützung? Sage es deinem Mann!

Spezielle sexuelle Erlebnisse

Man(n) wird sich immer daran erinnern, wenn man sich mal in der freien Natur oder auf einer Nachtfahrt im Zug geliebt hat. Oder wenn man(n) mitten in der Nacht von seiner Frau geweckt wurde, weil sie Sex möchte. Hast du als Frau schon mal darüber nachgedacht, dass manche Nächte, in denen du schlecht schlafen kannst, eine Chance für eure Liebe sein könnten?

Striptease

Dein Körper ist für deinen Partner ein wundervolles Geschenk – auch dann, wenn du kein Teen oder Twen mehr bist. Erfreue deinen Mann mit diesem Geschenk! Vielleicht gefällt ihm zum Beispiel ein Striptease? Finde heraus, was zu euch beiden passt und euch guttut, und lass dich dabei von den Grenzen eines verklemmten Erbes nicht einschränken – ebenso wenig von mangelnder Selbstannahme (siehe oben).

Du siehst: Manches läuft bei deinem Mann im Kopf vielleicht anders ab als bei dir. Deshalb kannst du dich auch schlecht als Maßstab dafür nehmen, wie man sich gegenüber ihm in Sachen Sex richtig verhält. Wenn er abgespannt von der Arbeit kommt, meinst du vielleicht, es wäre am besten, ihn in Ruhe zu lassen oder ihm ein Nickerchen zu gönnen. Es könnte aber sein, dass er den Schlaf für erregenden Sex mit dir gerne aufschiebt. Denk dran: **Der Köder muss dem Fisch schmecken – nicht dem Angler!**

Genug der Tipps. Selber ausprobieren ist angesagt! Was die aus dem genannten Artikel inspirierten Themen betrifft: Ich kann als Mann nur bestätigen, dass die Autorin den Nagel auf den Kopf getroffen hat. Ich habe danach keinen Artikel mehr in irgendeiner christlichen Zeitschrift gelesen, der die Sache annähernd so auf den Punkt gebracht hätte wie dieser. Deshalb schließe ich auch mit einem Zitat von Barbara Jakob: „Sobald sich Langeweile einschleicht, die Häufigkeit des Zusammen-Schlafens immer mehr abnimmt, sollte eine Warnlampe aufleuchten! Zugleich will ich hier natürlich nicht verschweigen, dass es in jeder Ehe schwierige Zeiten gibt, in denen man aus ganz verschiedenen Gründen nicht miteinander schlafen kann. Aber Ausnahmen bestätigen auch hier nur die Regel, und ich denke, dass Paulus genau wusste, weshalb er schrieb, dass wir nur auf Sex verzichten sollten im gegenseitigen Einvernehmen, um zu beten … damit wir nicht versucht würden.“ Ich finde, eine bessere Überleitung zum nächsten Kapitel kann es gar nicht geben.

P.S.: Lieber Mann, bevor du das nächste Mal behauptest, Frauen seien neugieriger als Männer, solltest du an genau diesen Moment denken …

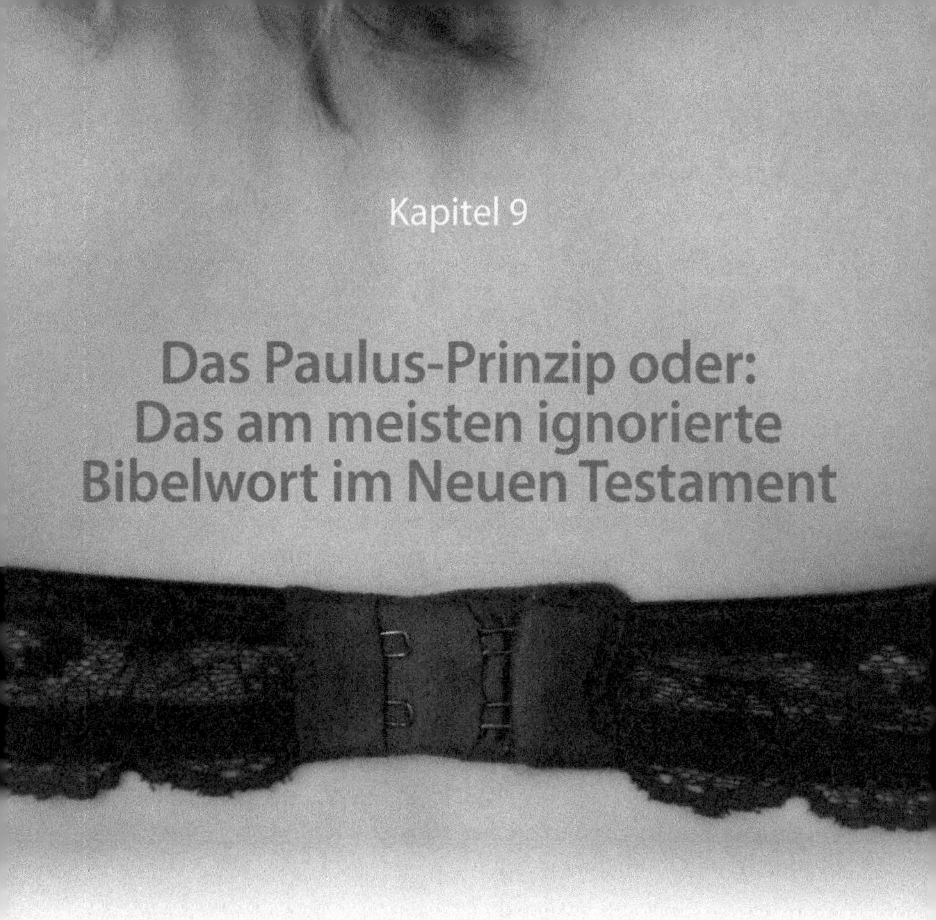

Kapitel 9

Das Paulus-Prinzip oder: Das am meisten ignorierte Bibelwort im Neuen Testament

Nun kommen wir zu einem spannenden Bibelwort, das die Lösung vieler Eheprobleme darstellt. Auch ein mir damals bekanntes Ehepaar fand durch das Paulus-Prinzip zu einer Beziehung, die zuvor nicht denkbar gewesen wäre. Viele Probleme, die sich in ihrem Leben hartnäckig festgesetzt hatten und keiner Maßnahme weichen wollten, wurden durch dieses Prinzip gelöst. Es war die totale Revolution ihrer Ehe. Gleichzeitig blühte ihre seelische und geistliche Gemeinschaft auf wie nie zuvor. Es war einfach nur traumhaft anzusehen.

Bei solch einer Einleitung mag man jetzt denken, dass dieses Prinzip ganz sicher von der Mehrzahl christlicher Ehepaare praktiziert wird. Ebenso möchte man meinen, dass der Löwenanteil christlicher Eheliteratur und die überwiegende Mehrheit christlicher Ehe-Seelsorger dieses Prinzip als biblisches Pflichtprogramm integriert haben. Denn wer würde schon freiwillig die Lösung von Problemen wie

- Unzucht,
- Ehebruch,
- Pornografie,
- zwanghafte Selbstbefriedigung,
- bis hin zur Scheidung

in den Wind schlagen wollen? Wir wären doch verrückt!

Wir *sind* offenbar verrückt. Oder wie lässt es sich erklären, dass das Paulus-Prinzip wohl das am meisten ignorierte Bibelwort des Neuen Testaments ist? Wie soll man nachvollziehen, dass diese biblische Lösung in den meisten Fällen noch nicht mal erwogen, geschweige denn ernsthaft zum Ausprobieren ans Herz gelegt wird? Gehe ich zu weit, wenn ich auch diesen Umstand unserem verklemmten Erbe zuschreibe? Gehe ich zu weit, wenn ich vermute, dass die beschriebene Ignoranz das Ergebnis davon ist, dem Zeitgeist statt dem Heiligen Geist Raum zu geben? Gehe ich zu weit, wenn ich frage, ob sich viele christliche Seelsorger in mancher Hinsicht mehr dem Humanismus als der Bibel verpflichtet sehen?

Wie dem auch sei: Schauen wir uns dieses Prinzip erst einmal an. Mir selbst war es schon vor langer Zeit in der Bibel aufgefallen. Zu meiner Schande muss ich gestehen, dass auch ich es zunächst nicht ernst nahm. Dann jedoch lernte ich ein Berater-Ehepaar kennen, das es selbst erfolgreich anwendete und Ratsuchenden empfahl. Zur Schande der christlichen Seelsorger-Zunft muss ich dir sagen, dass ich außer diesem und dem eingangs erwähnten Ehepaar niemanden kennengelernt habe, der das Prinzip kannte und lebte. Im Gegenteil: Erzählte ich anderen Seelsorgern davon, erntete ich ungläubige bis kritische Blicke sowie die Aussage, dass man das so doch nicht machen könne. Man kann – wenn man will. Paulus riet den Korinthern, wie schon in einem vorhergehenden Kapitel beschrieben, dass um der Unzucht willen jeder seine eigene Frau und jede Frau ihren eigenen Mann haben solle. Noch mal: Der Grund, nicht ehelos zu bleiben, wurde von Paulus hier nur mit „um der Unzucht willen“ angegeben. Ein Affront für manchen Seelsorger, der meint, dass sexuelle Dinge bei der Entscheidung zu heiraten keine Rolle spielen dürften.

Aber direkt danach gibt Paulus weitere Anweisungen für solche, die sich zur Ehe entschlossen hatten:

> Der Mann leiste der Frau die eheliche Pflicht, ebenso aber auch die Frau dem Mann. Die Frau verfügt nicht über ihren eigenen Leib, sondern der Mann; ebenso aber verfügt auch der Mann nicht über seinen eigenen Leib, sondern die Frau. Entzieht euch einander nicht, es sei denn nach Übereinkunft eine Zeitlang, damit ihr euch dem Gebet widmet und dann wieder zusammen seid, damit der Satan euch nicht versuche, weil ihr euch nicht enthalten könnt (1. Korinther 7,3–5).

Nehmen wir mal diese Anweisungen des Paulus Stück für Stück durch. Ich hole aus dem Text nur das heraus, was drin steht – nicht mehr und nicht weniger:

1. Mann und Frau sind zur gegenseitigen sexuellen Versorgung verpflichtet.
2. Mit der Eheschließung geben die Ehepartner die Verfügungsgewalt über ihren Körper dem anderen. Nicht mehr man selbst, sondern nur der andere kann nach Belieben über den Körper des Partners verfügen.
3. Der Regelfall ist, dass sich die Ehepartner einander nicht entziehen, also regelmäßigen Sex haben. Eine sexuelle Pause darf nur in gegenseitiger Absprache erfolgen – zum Beispiel für das Gebet. Beachte hierbei, dass es sich sicher nicht um Gebetswochen oder -monate, sondern maximal um Tage gehandelt haben dürfte. Das kommt auch in der nächsten Anweisung zum Ausdruck.
4. Danach sollen sie wieder sexuell zusammenkommen. Warum? Damit der Satan die Ehepartner nicht versucht. Die Regelung diente also der aktiven Abwehr von Unzucht und Ehebruch.

Besonders bemerkenswert ist, dass Paulus diese Anweisungen als Fakten, als Aufforderung und nicht als unverbindliche Option formuliert. Der Vers 6 *„Dies aber sage ich als Zugeständnis, nicht als Befehl"*, bezieht sich auf den gesamten Abschnitt, in dem Paulus denen, die sich nicht enthalten können, das Heiraten gestattet, ja geradezu gebietet. Denn in Vers 7 fügt er an: *„Ich wünsche aber, alle Menschen wären wie ich; doch jeder hat seine eigene Gnadengabe von Gott, der eine so, der andere so."* Für diejenigen, die sich dann aber für das Heiraten entschieden haben, gilt verbindlich das in Vers 3–5 beschriebene Vorgehen. Ich nenne es das „Paulus-Prinzip". Wie kann man dieses Prinzip nun praktisch in einer heutigen Ehe umsetzen? Ich gebe hier die Vereinbarungen wieder, die ich zum ersten Mal bei dem besagten Berater-Ehepaar kennenlernte:

Ausschließliche Konzentration *aller* sexuellen Aktivitäten auf den Ehepartner

Die Grundvoraussetzung dieses Prinzips. Jeder Ehepartner verpflichtet sich gegenüber dem anderen: *Du* bist mein sexueller Versorger. Ich konzentriere meine *gesamte* Sexualität nur und ausschließlich auf dich – zu hundert Prozent. Das bedeutet: keine Pornografie (egal in welcher Form), keine Selbstbefriedigung und natürlich keinerlei sexuellen Kontakte zu anderen Partnern.

Mein Körper gehört dir, dein Körper gehört mir

Das bedeutet: Jeder Ehepartner kann zu jeder Zeit über den Körper des anderen verfügen. Möchte einer der Ehepartner Sex, willigt der andere ein, weil sein Körper nicht ihm, sondern dem Partner gehört. Sollte es einmal vorkommen, dass der andere partout keine Lust auf „richtigen" Sex hat, so befriedigt er seinen Ehepartner auf andere Weise (zum Beispiel manuell). Das Prinzip dahinter: Besser, dein Partner befriedigt dich, als dass du Selbstbefriedigung betreibst. Wir erinnern uns: Jeder konzentriert seine *gesamte* Sexualität einzig und allein auf den Partner. So einfach ist das. Es versteht sich von selbst, dass die Zeit der Regelblutung eine sexfreie Zeit ist – wobei aber auch hier die Frau ihren Mann manuell befriedigen kann. Ein einfühlsamer Mann wird zudem sein Verfügungsrecht über den

Körper seiner Frau nicht auf Biegen und Brechen durchsetzen. Er wird sich an das Wort aus 1. Petrus 3,7 erinnern, in dem Petrus die Ehemänner dazu auffordert, ihren Ehefrauen mit Einsicht zu begegnen und sie zu ehren. Bekommt er zum Beispiel mit, dass seine Frau nach einem außergewöhnlich anstrengenden Tag „stehend k.o." ist, wird er nicht auf Sex bestehen. Aber auch an solchen Tagen darf er sich nicht selbst befriedigen.

Auch wenn das Paulus-Prinzip die Verfügungsgewalt über den Körper des anderen eindeutig auf sexuelle Dinge bezieht, empfiehlt es sich, den Verfügungsrahmen zu erweitern. Denn der Körper besteht nicht nur aus den Geschlechtsorganen. So kann es zum Beispiel sein, dass die Ehefrau einmal nur das Ohr ihres Mannes benötigt – sie braucht jemanden, der ihr zuhört und mit dem sie reden kann. Ein kluger Mann wird diesem Wunsch nachkommen. Wenn es dringend ist, wird er dafür sogar seine Lieblingssendung im Fernsehen sausen lassen. Er weiß: Meine Frau kann über mein Ohr verfügen, wann immer sie will – und sei es mitten in der Nacht.

Ein freier Tag pro Woche

Der sexuell weniger Aktive in unserem Beispiel vereinbarte mit seinem Ehepartner, dass er einen Tag in der Woche „freinehmen" konnte, ohne jegliche sexuellen Aktivitäten. Dies war die praktische Umsetzung des „es sei denn eine Zeitlang nach Übereinkunft" aus dem Paulus-Prinzip. Das heißt übrigens nicht, dass an allen anderen sechs Tagen der Woche sexuell immer irgendwas gelaufen wäre. Schließlich ist Sex im Licht der Bibel kein Sport, sondern der Ausdruck von Liebe und Intimität. Der lockere, liebevolle und unverkrampfte Umgang eines Ehepaares mit Sexualität sollte also auch die Auszeiten umfassen.

Auch das eingangs erwähnte Ehepaar hat das biblische Paulus-Prinzip so praktiziert. Der Mann, der vor dieser Vereinbarung Probleme mit Pornografie und Selbstbefriedigung hatte, bekam diese

Probleme schnell in den Griff. Zu wichtig war ihm die Vereinbarung mit seiner Frau, als dass er sie durch selbstbezogene Sexualität hätte gefährden wollen. Sie hingegen bekam in dieser Zeit zudem ein ganz neues Körpergefühl, auch, weil sie sich entschieden hatte, ihr Übergewicht zu reduzieren. Der Mann gewann durch das Paulus-Prinzip eine hingegebene und attraktive Ehefrau – und seine Frau einen ebenfalls hingegebenen und treuen Ehemann, der mit Komplimenten nicht sparte. Hätte man diesem Ehepaar solch eine Entwicklung zwei Jahre zuvor prophezeit, dann hätten es beide nicht für möglich gehalten.

Das Verkennen dieser Zusammenhänge treibt schon manchmal seltsame Blüten: Da engagieren sich Christen mit Druckschriften, Webseiten und Vorträgen gegen Pornografie – und lassen die dazu verfügbaren biblischen Abwehrwaffen ungenutzt im Arsenal. Stattdessen hagelt es auf manchen Anti-Porno-Webseiten Vorwürfe und Androhungen negativster Konsequenzen für solche, welche die Finger nicht davon lassen können. Aber der Weg in die Freiheit hat gemäß 1. Korinther 7 nun mal mit Ausübung göttlicher Sexualität zu tun. Und dieser Weg wird versperrt. Fürchtet man den Aufschrei von vielen Gläubigen, die im Sinne der Abtreibungsbefürworter „Mein Bauch gehört mir“ skandieren und die Verfügungsgewalt über ihren Körper selbst dem eigenen Ehepartner nicht überlassen wollen? Dann hätte mal wieder der Zeitgeist gesiegt.

Weitere Fragen dazu, die vielleicht wie rhetorische Fragen klingen, die wir uns aber ernsthaft stellen sollten: In wie vielen Gemeinden wird offensiv über das Paulus-Prinzip gelehrt? Wo wird überhaupt im Sonntags-Gottesdienst das Thema Sexualität angeschnitten (abgesehen vom Lamento, dass die Welt immer unzüchtiger wird)? In wie vielen Ehe-Vorbereitungskursen wird das Paulus-Prinzip erläutert? Wie viele Pastoren klären die Paare in den Ehe-Vorbereitungsgesprächen darüber auf, dass sie mit der Eheschließung die Verfügungsgewalt über ihren Körper an den Ehepartner abtreten – und was das für Konsequenzen hat? Wie viele Pastoren und Ehe-Seelsorger haben dieses Prinzip überhaupt selbst verinnerlicht? Wie viele leben es in ihrer eigenen Ehe? Ziemlich viele Fragen, die alle den Finger in die Wunde legen.

Natürlich ist mir bewusst, dass das Paulus-Prinzip kein Allheilmittel für alle Arten von Eheproblemen ist. Die Palette von möglichen Schwierigkeiten und deren Ursachen ist so vielfältig wie die Literatur, die es dazu gibt. Ich kann und will das nicht alles vom Tisch wischen. Aber ich will darauf hinweisen, dass die Bibel zum Thema guter Sex (dem Kernthema dieses Buches) viel mehr zu bieten hat, als bislang von vielen Christen wahrgenommen und genutzt wird. Dass für guten Sex auch andere Voraussetzungen wichtig sind, habe ich in den Kapiteln 7 und 8 (Eine Botschaft nur für Männer/Eine Botschaft nur für Frauen) sicher hinreichend deutlich werden lassen.

Das Ignorieren der paulinischen Grundlagen sagt jedenfalls viel über den Zustand der Gemeinde Jesu Christi aus. Es ist an der Zeit, die biblischen Maßstäbe wiederherzustellen. Bist du dabei?

Kapitel 10

Dein Problem ist mein Problem

Wir wollen uns jetzt mit einem einfachen Grundsatz beschäftigen, der umso stärker greift, je enger Menschen miteinander verbunden sind. In einer Ehe sind beide eins. Eine stärkere Verbundenheit gibt es nicht – ebenso wenig einen stärkeren Ausdruck dieser Verbundenheit als den der sexuellen Einheit. Dieses einfache Prinzip stellt uns wiederum Paulus vor. An Paulus vorbeizukommen ist als Christ recht schwierig, da er etwa ein Drittel des Neuen Testaments geschrieben hat. Im Vergleich der Gemeinde mit dem menschlichen Körper (der sich sehr gut auf ein Ehepaar übertragen lässt) beschreibt er, dass jeder Körperteil mit dem anderen verbunden ist:

> Und wenn ein Glied leidet, so leiden alle Glieder mit; oder wenn ein Glied verherrlicht wird, so freuen sich alle Glieder mit (1. Korinther 12,26).

Stell dir vor, ein schwerer Hammer fällt auf deinen kleinen Zeh, und du hast keine Schuhe an. Wie reagierst du? Sagst du vielleicht: „Na ja, das ist zum Glück nur der kleine Zeh. Wenn der nicht mehr da wäre, würde ich das vielleicht noch nicht mal merken. Das ist jetzt schon total mies für den Kleinen, dass er so zerquetscht wurde. Aber zum Glück sind ja alle lebenswichtigen Körperteile heil geblieben." Nein? Verständlich. Dein kleiner Zeh, den du vielleicht kaum vermissen würdest, wenn er nicht da wäre, wird augenblicklich deinen gesamten Körper beherrschen! Sowohl motorisch als auch akustisch würde das Missgeschick mit dem Hammer vollkommen unbeteiligte Körperteile in Aktion versetzen – und es bleibt zu hoffen, dass deine Verlautbarungen für Kinder unter 16 Jahren freigegeben wären. Warum kann ein kleiner Zeh einen ganzen Körper in helle Aufregung versetzen? Oder ein klitzekleiner kariöser Zahn? Oder ein ebenso kleiner eingerissener Fingernagel? Weil alle zu einem Körper gehören. Leidet ein Glied, leiden alle anderen mit.

Genau wie bei einem Ehepaar! Aber das vergessen wir oft. Haben wir ein persönliches Problem, das uns belastet, so leiden wir darunter. Aber denken wir auch daran, dass unsere „bessere Hälfte" (ich finde diesen Ausdruck gar nicht so schlecht) auch zu uns gehört und ebenso leidet? Nur sieht dieses Leiden anders als das unsrige aus, weil es eben die andere Seite desselben Problems ist. So oft vergessen wir, dass jedes unserer Defizite nicht nur uns, sondern auch unserem Ehepartner Schwierigkeiten macht und Verletzungen zufügt. Drei Beispiele:

Ein christliches Leiterehepaar – er als Pastor im Vollzeitdienst, sie im Teilzeitdienst in der Gemeinde. Beide führen eine gute Ehe und geben sogar Eheseelsorge. Auch ihre sexuelle Beziehung ist gut und ausgeglichen. Keiner entzieht sich dem anderen, jeder achtet auf das, was dem anderen wichtig ist, jeder kümmert sich darum, dass der andere befriedigt wird. Solch eine Ehebeziehung ist ein guter Schutz gegen Versuchungen wie z. B. Internet-Pornografie. Dennoch bleibt, wie wir bereits in einem vorhergehenden Kapitel betrachtet haben, ein Rest an Versuchbarkeit bestehen. So war es auch bei diesem Pastor, der für Internet-Pornografie angreifbar war. Er wusste um diese

Versuchbarkeit und hatte entsprechende Schutzmaßnahmen ergriffen. Selten erwischte es ihn trotzdem, und er schaute sich Filme an, die er sich nicht anschauen sollte. Er litt sehr unter dieser Schwäche, arbeitete daran, öffnete sich gegenüber einem Gebetspartner und auch gegenüber seiner Frau, die ihm in diesem Kampf zur Seite stand. Ein wirklich vorbildlicher Mann (mit einer ebensolchen Frau). Aber auch für solche Männer kann Pornografie zur Versuchung werden. Wer nie Probleme damit hatte, kann das einfach nicht nachvollziehen. Er ist so, als wollte ich als Nichtraucher verstehen, wie schwer es für einen Raucher ist, dauerhaften Abschied von der Zigarette zu nehmen. Ich jedenfalls maße mir das nicht an.

Auch wenn es sehr selten vorkam: Jedes Mal, wenn dieser Pastor der Versuchung nachgab, hätte er sich selbst in den Hintern treten können. Er schämte sich für sein Versagen, doch er gab den Kampf nicht auf. Es war „sein" Problem. Aber das war nur die eine Seite der Medaille. Die andere Seite lernte er kennen, als ihn seine Frau einmal auf frischer Tat erwischte. Der Anblick ihres Mannes, der sich solche Filme im Internet ansah, verletzte sie sehr tief – tiefer, als sie oder er vielleicht vorher je gedacht hätten. Und plötzlich wurde klar, dass „sein" Problem auch sehr stark seine Frau betraf. Ganz sicher war dieses Verständnis auch eine Voraussetzung dafür, dass Heilung und Vergebung in diese Situation hineinkommen konnte.

Ein weiteres Beispiel, diesmal ein Klassiker namens „Jähzorn". Der Betroffene: wieder ein Mann in Leitungsposition. Insbesondere in Phasen psychischer Belastung von außen oder in Stress- und Zeitdrucksituationen war die Gefahr des „Ausrastens" bei ihm hoch. Kam es zu einem Ausbruch, betraf es in erster Linie die Kinder, seltener seine Frau. Er wusste um dieses Defizit und redete offen mit seiner Frau und seinen Kindern darüber. Ihm war klar, dass diese Charakterschwäche nicht zu einem Mann Gottes passt. Er bemühte sich, in entsprechenden Situationen die Ruhe zu bewahren, aber es gelang ihm nicht immer. Nach jedem Zornausbruch hätte er sich selbst ohrfeigen können. Es war „sein" Problem. Doch obwohl es sich meist auf die Kinder konzentrierte, litt seine Frau ebenso darunter. Schließlich war sie die Mutter! Ihr Mann griff ihre Kinder an, und das ging nicht selten ungerecht zu. Ebenso hatte sie die schlechte Stimmung nach einem Zornausbruch und die darauf folgenden Selbstvorwürfe ihres Mannes auszubaden. Auch hier wurde klar: Sein Problem war ihr Problem – und in diesem Fall auch das seiner Kinder.

Das nächste Beispiel erlebte ich im Rahmen einer schriftlichen Ehe-Analyse. Du kennst das vielleicht aus Eheseminaren: Jeder Ehepartner schreibt seine Sicht zu verschiedenen Fragen auf, Fragen wie etwa:

- Was liebe ich besonders an dir? – Diese Frage soll die positive Sicht auf den anderen erneuern.
- Was würde mir fehlen, wenn du plötzlich sterben würdest? – Eine ähnliche Frage wie die erste, nur aus einer vollkommen anderen, oft sehr hilfreichen Perspektive.
- Was wünsche ich mir von dir? – Eine gute Hilfe, dem Partner zielgerichtet Gutes zu tun, also „dort zu kratzen, wo es auch juckt".
- Was hat mich verletzt? – Die genannten Dinge sollen durch Buße und Vergebung bereinigt werden.
- Worüber tue ich Buße und bitte um Vergebung? – Hier ist Raum zur initiativen Nennung eigenen Fehlverhaltens, ohne dass es auf der Liste „Was hat mich verletzt?" des Partners stehen muss.
- … und so manches mehr, was man im Rahmen einer solchen Übung abfragen kann.

Bei einem Ehepaar bemerkte ich, dass die Frau mit der Liste „Das hat mich verletzt" ihres Mannes ein Problem hatte. Im Wesentlichen war es nur ein Punkt, der ihr sauer aufgestoßen war. Es war jedoch ein entscheidender Punkt für ihr Sexualverhalten und ihr Körpergefühl. Die Frau war total verwundert und verletzt durch den Satz: „Statt dich für mich schön zu machen, hast du dich durch maßloses Essen unattraktiv gemacht." Das traf wie ein Blitz. „Moment mal", dachte sie sich, „was hat *er* denn mit *meiner* Figur zu tun? Habe *ich* nicht die Probleme damit? Er tut ja fast so, als wäre ich *gerne* dick! Dabei quält mich dieses Problem schon so lange, und ich kriege es einfach nicht in den Griff!“

Unerwartet wurde sie damit konfrontiert, dass „ihr“ Problem auch Auswirkungen auf ihren Mann hatte. Sie hatte mit ihrem Essverhalten nicht nur sich geschadet. Sie hatte ihrem Mann eine attraktive Frau geraubt. Zum Teil hatte sie ihm vielleicht noch die Schuld an ihren Problemen gegeben: Wäre er netter zu ihr, müsste sie nicht so viel „frustfressen“. (Sachlich stimmte das sogar, denn der Mann konnte manchmal mit unbedachten Worten ziemlich verletzend sein.) Aber so deutlich die Kehrseite der Medaille präsentiert zu bekommen, darauf war sie offensichtlich nicht vorbereitet.

Bedenke: Du kannst als verheiratete Person nicht mehr alleine entscheiden, ob du die Schmerzen eines persönliches Defizits tragen willst oder nicht. Denn es sind nicht nur deine Schmerzen. Deine Probleme sind auch die deines Partners. Dein verklemmtes Erbe ist auch Sand in seinem Getriebe. Selbst wenn du meinst, mit diesem Sand leben zu können – die Entscheidung, ob dein Partner es will, kannst du nicht für ihn treffen. Aber du kannst und du sollst diesen Sand loswerden. Um deines Ehepartners willen, um deiner Kinder willen, um Gottes willen.

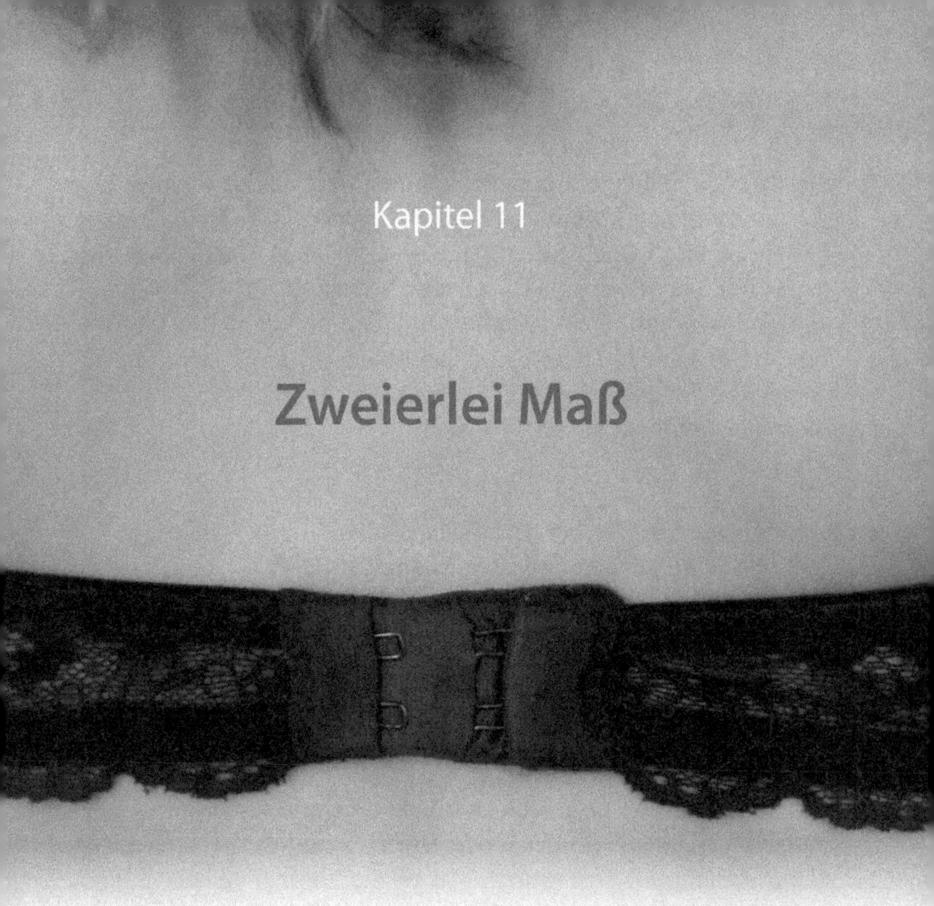

Kapitel 11

Zweierlei Maß

Du sollst nicht zweierlei Gewichtsteine in deinem Beutel haben, einen großen und einen kleinen. Du sollst nicht zweierlei Efa in deinem Haus haben, ein großes und ein kleines (5. Mose 25,13–14).
Zweierlei Gewichtsteine, zweierlei Efa, sie sind alle beide ein Gräuel für den Herrn (Sprüche 20,10).

Gegen Ende dieses Buches möchte ich ein Thema vertiefen, das mit zum verklemmten Erbe der Christen gehört: die Doppelmoral bei der Beurteilung sexueller und anderer Verfehlungen – verbunden mit den oft verkannten Ursachen für sexuelle Sünden und Ehebruch.

Bereits mehr als einmal musste ich in meinem Dienst erleben, wie Leiter in Ehebruch fielen. Es waren Erfahrungen, die ich keinem wünsche: viel Herzeleid, kaputte Familien, verzweifelte Kinder, enttäuschte Gemeinde-Mitarbeiter – und Menschen, die sich aufgrund dieser Enttäuschungen gleich ganz vom Glauben abwendeten. Du kannst mir also glauben, dass ich nicht derjenige bin, der Ehebruch verharmlosen will! Jedoch stellte ich, auch in Fällen, die ich „von ferne" mitbekam, Folgendes fest: Der Ablauf der Reaktionen in einer Gemeinde, in der ein Leiter in Ehebruch fiel, war nahezu immer der gleiche und bestand aus drei Phasen:

1. Distanzierung vom betroffenen Leiter als Täter
2. Solidarisierung mit dessen Ehefrau als Opfer
3. Praktische und ideelle Unterstützung der Ehefrau

In all den Fällen, die ich mitbekam, stellte ich ein ausgeprägtes Schwarz-Weiß-Denken der Beteiligten fest. Der Täter (ich habe es immer nur mit Männern erlebt) wurde als der zu hundert Prozent Schuldige in die Wüste geschickt, während seine Frau sich der aktiven Unterstützung der gesamten Gemeinde sicher sein konnte. Niemand stellte auch nur im Ansatz die Frage, ob die Ehefrau vielleicht durch ihr Verhalten die Verfehlungen des Mannes unterstützt oder mit verursacht haben könnte.

Noch mal ganz unmissverständlich: Fällt ein Mann in Ehebruch, kann er nicht seiner Frau die Schuld dafür geben, sondern muss selbst dafür geradestehen. Das Prinzip der Schuldverlagerung auf die Ehefrau („Das Weib, das du mir gabst …") ist seit Adam bestens bekannt. Das ist zu einfach und auch zu billig.

Dennoch wundert es mich, dass ein ehernes Gebot der Ehe-Seelsorge in solchen Fällen schlichtweg ignoriert wird. Es lautet: **An der Schräglage einer Ehe ist niemals – niemals! – nur einer der Ehepartner schuld.** Es ist immer die Kombination von Fehlverhalten beider Partner. Und zumeist ist es müßig, die Aufteilung der Schuld schätzen zu wollen. 50 zu 50, 60 zu 40, 70 zu 30 oder gar 80 zu 20 Prozent? Egal! Jeder hat seinen Anteil zum Scheitern einer Ehe erbracht und muss für diesen Anteil die Verantwortung übernehmen. Vor diesem Hintergrund erscheint mir das oben beobachtete Vorgehen, wenn „das Kind in den Brunnen gefallen ist“, zu einseitig.

Sei gnädig mit denen, die gefallen sind!

Ich breche jetzt mal eine Lanze für alle Christen, die versagt haben und in Ehebruch gefallen sind. Wir müssen uns vor Augen halten: Männer und Frauen sind heutzutage fortwährend einem immensen Maß an Versuchungen ausgesetzt. Selbst von Schwierigkeiten mit Pornografie – früher ein reines Männerthema – sind zunehmend auch Frauen betroffen. Männer und Frauen brauchen den Schutzschirm einer intakten Ehebeziehung, auch und gerade im sexuellen Bereich. Versagt aber dieser Schutzschirm und ein Christ fällt in Ehebruch, dann wird oft unverzüglich der Zornesbecher der Verdammnis über der betreffenden Person ausgegossen. Ich stelle die Frage: Haben nicht auch diejenigen, die versagt haben, ein Recht auf ausgewogene Behandlung? Jeder muss zu seiner Schuld stehen, aber Außenstehende sollten berücksichtigen, dass eine Ehe niemals von alleine scheitert. Ich möchte hierzu zwei Beispiele nennen, mit denen ich in der Seelsorge konfrontiert worden bin. Einmal geht es um einen Mann, einmal um eine Frau:

Vor ein paar Jahren übernachtete ich auf einem christlichen Seminar im Doppelzimmer mit einem mir bis dahin unbekannten Bruder. Nach einiger Zeit kamen wir ins Gespräch, auch über das „Thema Nr. 1“. Ich merkte, dass der Bruder große Not hatte und meine Meinung wissen wollte: Ob es denn normal sei, dass seine Frau nur ein- bis zweimal im Monat mit ihm schlafen wolle. Dies sei ihm viel zu wenig, aber seine Frau sei nicht bereit, von diesem Sparprogramm abzurücken. Annäherungsversuche von seiner Seite würden mit der sprichwörtlichen „kalten Schulter“ beantwortet.

Lass mich dieses Beispiel einmal genauer analysieren. Stör dich nicht an Zahlen und Statistik – es geht gar nicht um Zahlen, sondern darum, ein Maß an Verletzungen zu veranschaulichen: Angenommen, dieser Mann wäre sexuell mit den lutherischen „in der Woche zwier“ (also im Durchschnitt zwei Mal Sex pro *Woche*) zufrieden, das wären 104 Mal im Jahr. Seine Frau aber beharrt auf maximal zwei Mal Sex im *Monat*, das wären 24 Mal im Jahr. Insgesamt ergibt das eine Differenz von 80 Mal pro Jahr. So weit die nackten Zahlen. Was aber verbirgt sich hinter dieser Differenz? Es ist eine Statistik der Ablehnung! Jedes „Nein“ steht für:

- Ich habe kein Interesse an Sex mit dir.
- Ich finde dich nicht attraktiv genug.
- Deine sexuellen Bedürfnisse sind mir egal.
- Meine Ruhe ist mir wichtiger als deine Wünsche.
- Ich will nicht, dass du mir so nahe kommst.
- Du bist als Liebhaber nicht erwünscht.
- Du bist es nicht wert, dass man mit dir Sex hat,
- und so weiter und so fort …

Verstehst du, was da abläuft? **Innerhalb von einem guten Dutzend Ehejahren haben sich die 80 Ablehnungen pro Jahr zu insgesamt 1.000 (eintausend!) Ablehnungs-Erlebnissen summiert!** Vielleicht sogar noch mehr, wenn die Frau bei den verbleibenden zwei Mal im Monat durch ihr Verhalten keinen Zweifel daran lässt, dass sie beim Sex nur eine notwendige Verpflichtung abarbeitet. Dieser Mann hat innerhalb von gut zwölf Ehejahren so viele Körbe bekommen, dass er damit einen Großhandel eröffnen könnte.

Zweites Beispiel, diesmal mit einer Frau als Leidtragender: Ich war bei einem weiter entfernt lebenden Ehepaar zur Ehe-Seelsorge vor Ort. Es kam heraus, dass der Mann seit geraumer Zeit nicht mehr mit seiner Frau geschlafen hatte. Stattdessen bevorzugte er es, sich selbst zu befriedigen. Die Ehefrau, die das von Zeit zu Zeit mitbekam, war sehr verletzt. Sie saß sexuell auf dem Trockenen, während er mit seiner selbstbezogenen Form der Sexualität offenbar zufrieden war. Hier war also der Mann die Ursache der mangelhaften Befriedigung seiner Frau. Er gestand sein Fehlverhalten zwar verbal ein, aber für beständige Schritte aus dieser Situation heraus fehlte ihm offenbar die Konsequenz. Die Folge: Seine Ehefrau ging – von wenigen Ausnahmen abgesehen – sexuell über einen langen Zeitraum leer aus. Auch die Botschaften dieses Mannes an seine Frau addieren sich im Laufe der Zeit und lauten ähnlich wie die in dem vorhergehenden Beispiel vielleicht etwa so:

- Ich habe kein Interesse an Sex mit dir.
- Ich komme ja selbst zurecht, das reicht mir.
- Deine sexuellen Nöte sind mir egal.
- Meine Bequemlichkeit ist mir wichtiger als du.
- Sieh zu, wie du zurechtkommst.
- Ich brauche dich als Liebhaberin nicht.
- Du bist es nicht wert, dass ich für dich dieses Problem grundlegend anpacke,
- und so weiter und so fort …

So weit die beiden Beispiele. Und nun stelle dir Folgendes vor: Der Mann bzw. die Frau (also die, welche über lange Zeit von ihren Partnern sexuell vernachlässigt wurden) ist irgendwann zur falschen Zeit am falschen Ort und lernt jemand anderen kennen, vielleicht eine Person, die es darauf anlegt, ihn ins Bett zu bekommen. In jedem Fall aber jemanden, dessen Angebot genau zu den Defiziten unserer beiden Vernachlässigten passt. Beim Mann mag das eine Frau sein, die ihn sexuell anmacht und zum Ausdruck bringt, dass sie ihn anziehend findet und mit ihm schlafen will. Bei der Frau ist es vielleicht ein Mann, der ihr das Gefühl gibt, begehrt und wertgeschätzt zu sein. In beiden Fällen steht vielleicht gar nicht Sex im Vordergrund, sondern die Botschaften, die wie Wasser in die ausgetrockneten Herzen der Vernachlässigten fließen und dort sehr schnell verstanden werden:

- Du bist anziehend.
- Du bist attraktiv.
- Du bist wertvoll.

- Ich interessiere mich für dich.
- Ich will dir ganz nahe sein.
- Du hast es nicht verdient, vernachlässigt zu werden.
- Ich verstehe deine Verletzungen,
- und so weiter und so fort …

Diesem Angriff wären beide relativ schutzlos ausgeliefert. Wir erinnern uns: Laut Paulus ist eine erfüllte, regelmäßige sexuelle Beziehung zum Ehepartner der beste Schutz gegen Versuchungen des Teufels. Dieser Schutz wäre in der beschriebenen Situation nicht vorhanden.

Das ist natürlich keine Rechtfertigung, die Ehe zu brechen! Aber dennoch habe ich den Eindruck, dass diejenigen, die in solchen oder ähnlichen Situationen versagen und fallen, arm dran sind: Haben die Betroffenen einen Partner, der sexuelle Notversorgung ansetzt, können sie nichts dagegen machen. Führt diese Notversorgung dann dazu, dass sie fallen, werden sie fallen gelassen – augenblicklich von der ganzen Gemeinde –, während der „betrogene" Partner sich der vollen Unterstützung gewiss sein kann. Ist das in Ordnung? Oder wird hier nicht doch mit zweierlei Maß gemessen? Noch mal: Ich will hier keinen Ehebruch legitimieren, sondern werbe einfach dafür, beide Seiten einer Medaille zu sehen und mit solchen Menschen gnädig umzugehen. *„Wer unter euch ohne Sünde ist, werfe den ersten Stein"*, sagte Jesus in Johannes 8 zu den Menschen, die die Steine schon in der Hand hatten – und das Gesetz auf ihrer Seite. Manchmal frage ich mich, ob die Ehebrecherin aus Johannes 8 heute Überlebenschancen hätte, wenn die Verantwortlichen freikirchlicher Gemeinden sich um sie scharen würden …

Was ist mit Geschiedenen, die wieder heiraten?

Ein weiteres Beispiel sind die Geschiedenen in unseren Gemeinden (ich rede hier erneut hauptsächlich von den Freikirchen). Ja, auch christliche Ehen können scheitern. Auch dies habe ich des Öfteren im Umfeld meines Gemeindedienstes erleben müssen. Auch ohne dass

Ehebruch im Spiel ist, gleichen sich die Resultate: viel Herzeleid, kaputte Familien, verzweifelte Kinder …

Wiederum machte ich die gleiche Feststellung – und zwar umso intensiver, je „bibeltreuer“ eine Gemeinde war: Es gibt einen Ablaufschema, das in den meisten Fällen so aussieht:

1. Leiter, deren Ehen scheitern, verlieren fast immer sofort ihren Dienst.
2. Bei „normalen“ Gemeindegliedern wird die Scheidung mit Bedauern, wenn auch meist ohne größere Konsequenzen registriert.
3. Wehe aber, der/die Betroffene heiratet erneut: Dann trifft ihn/sie nicht selten die volle Konsequenz der Gemeindezucht. Denn so etwas darf man in der Gemeinde nicht dulden, schließlich spricht doch Matthäus 19,9 eine klare Sprache!

Nun ist mir bewusst, dass Jesus in dem genannten Bibelwort tatsächlich eine klare Aussage dazu macht. Auch will ich in diesem kurzen Abriss nicht das Monster-Thema „Scheidung und Wiederheirat“ behandeln. Ich gestatte mir nur den Hinweis, dass Paulus mit seinem Zugeständnis in 1. Korinther 7,15 streng genommen schon das Jesuswort aus Matthäus 19 aufweicht. Vielleicht sollte man also gerade solch ein Thema nicht nur auf eine Bibelstelle gründen.

Darüber könnte man ein eigenes Buch schreiben, wozu ich mich aber nicht berufen sehe, andere haben das schon gemacht. Vor allem Menschen, die wissen, wovon sie reden, weil sie selbst durch eine Scheidung gegangen sind, sind dafür prädestiniert. Solche Geschwister haben bei mir immer einen Pluspunkt, weil sie nicht wie der Blinde von der Farbe reden. Es gibt Seminare für Geschiedene, die ausschließlich von solchen gehalten werden, die selbst eine Scheidung und meist auch eine Wiederheirat durchlebt haben. Ich finde das gut. Diese Menschen haben erlebt, dass der Wechsel des Partners keine Probleme löst. Sie haben zumeist ihre gescheiterte Ehe aufgearbeitet, bevor sie eine neue Beziehung zugelassen haben – damit sie nicht wieder nach absehbarer Zeit unter anderen Vorzeichen vor den gleichen Problemen stehen.

Es ist so einfach, einem Geschiedenen, der das Pech hat, nicht die Gabe der Ehelosigkeit zu haben, Matthäus 19 um die Ohren zu hauen. Es ist viel schwieriger, selbst durch solch ein Tränental zu gehen und zu erkennen, dass Jesus trotz des großen Versagens immer noch an der Seite des Betroffenen steht. Denn gerade jetzt wird er am dringendsten gebraucht.

Mit diesen kurzen Gedanken will ich das Thema verlassen. Warum aber erwähne ich die zuvor beschriebene Gemeinde-Reaktion bei Scheidung und Wiederheirat in diesem Kapitel? Weil es um „zweierlei Maß“ geht. **Scheitert eine Ehe, steht die Gemeinde-Polizei sogleich auf dem Plan. Passiert ein Ehebruch, kommt sie sogar mit Blaulicht und Sirene. Ödet sich aber ein Ehepaar über Jahrzehnte in einem Meer von Bitterkeit an und lebt es statt einer Ehe nur einen Waffenstillstand – dann bleiben die Streifenwagen in der Garage.** Gleiches gilt, wenn eine Ehe eigentlich schon längst gescheitert ist, aber die Ehepartner nur zu feige sind, sich entweder scheiden zu lassen oder (was der bessere Weg ist!) ihre Probleme aktiv und gegebenenfalls mit Hilfe von außen endlich anzugehen.

Ich sprach einmal mit einer älteren Frau über den Glauben an Christus. Sie hatte sich schon in ihren Jugendjahren bekehrt und lebte seitdem mit Jesus. Seit Langem war sie verheiratet und hatte Kinder. Eine ganz normale Gemeindefamilie also – alles im Lot, mochte man denken. Nicht ganz: Nahmst du etwas Einblick in die Familie, merktest du, dass etwas in der Ehe der beiden nicht stimmte. Die Ehefrau sprach des Öfteren herablassend und respektlos über ihren Mann, der seine Aufgaben als Ehemann und Familienvater ihrer Meinung nach nicht konsequent genug anpackte. Eines der Kinder hatte diese herablassende Art bereits übernommen. Der Ehemann wiederum legte, sobald er mit seiner Frau sprach, einen aggressiven Tonfall an den Tag. Ich habe bei diesem Ehepaar noch nie einen längeren, ausgewogenen oder gar freundlichen Dialog gehört. Bitterkeit, Verachtung, Enttäuschung und Respektlosigkeit waren förmlich greifbar.

Wie gesagt, ich sprach mit der betreffenden Frau über den Glauben. Es ging in unserem Gespräch darum, dass Gott in schwierigen Situationen Kraft und Hilfe gibt. Ich habe keine Ahnung, wie wir darauf kamen. Was ich aber noch genau weiß, ist ein Satz, den sie mir unverblümt sagte: „Glaubst du etwa, ich hätte es so viele Jahre mit diesem Mann ausgehalten, wenn Gott mir nicht die Kraft dazu gegeben hätte?“ Dieser Satz war die Bankrotterklärung ihrer Ehe – unabhängig von der „Schuldverteilung“. Nach außen hin aber war alles in Ordnung, so meinte man.

Es gibt so viele gescheiterte Ehen, die nie geschieden werden. Nun rate ich nicht zur Scheidung als Lösung von Eheproblemen, ich merke nur, dass viele Ehepaare in ihrer Ehe etwas tun, was man im Geschäftsleben Insolvenzverschleppung nennt: Die Firma ist eigentlich pleite und müsste Konkurs anmelden. Die Geschäftsführer haben klar definierte gesetzliche Vorgaben, wann sie das zu tun haben. Um aber die Schmach und die negativen Konsequenzen einer Insolvenz zu vermeiden, machen manche einfach weiter – bis zum totalen Zusammenbruch. Anstatt sich entweder aktiv neues Kapital zu beschaffen oder Insolvenz anzumelden, ignorieren sie die Situation.

Viele Ehepaare machen es genauso: Die Ehe ist eigentlich bankrott, insolvent, nicht mehr fähig, das zu leisten, was sie eigentlich leisten sollte. Also könnte man neues Kapital beschaffen (Ehe-Seminare, -Seelsorge, -Beratung – positiver Input eben) oder man müsste die Pleite eingestehen und würde vor dem Konkurs-, sprich: Scheidungsrichter landen. Das wäre konsequent. Aber dieses konsequente Vorgehen ist in vielen Gemeinden nicht erwünscht. **Eine gelogene Ehe wird eher toleriert als eine ehrliche Trennung: zweierlei Maß.** Wir sollten uns darüber klar sein, dass Nichtchristen solche unterschiedlichen Maßstäbe bei Christen sehr genau wahrnehmen. Und sie ziehen daraus ihre Schlüsse, ob es denn so erstrebenswert sein kann, sich mit diesem Jesus und seinen Leuten näher zu befassen. Ein weiterer Grund, weshalb ich dafür plädiere, auch diesen Aspekt unseres verklemmten Erbes abzulegen: die zweierlei Maßstäbe, die – wie wir an den Bibelstellen am Anfang gesehen haben – Gott ein Gräuel sind.

Ich muss zum Schluss dieses Kapitels unbedingt erwähnen, dass eine Scheidung im besten Fall *ein* Problem löst, aber viele neue Probleme schafft. Wie es mir ein sehr weiser Pastor einmal sinngemäß sagte: „Bei total zerrütteten Ehen prüfen wir sehr genau, ob es wirklich keinen anderen Ausweg als die Trennung gibt. Aber selbst wenn das so ist, kann eine Scheidung immer nur die bessere von zwei schlechten Möglichkeiten sein. Das ist das Einzige, was wir als Berater in solch einer verfahrenen Situation tun können: die bessere von zwei schlechten Möglichkeiten zu finden." In dieser Gemeinde werden übrigens auch Geschiedene getraut – aber erst, wenn sie ihre gescheiterte Ehe aufgearbeitet haben und keine Altlasten mit in die neue Ehe nehmen. Dieses Vorgehen finde ich gut, verantwortbar und authentisch. Und Authentizität, also Echtheit und Ehrlichkeit, ist einer der wichtigsten Werte, die wir der Welt zu geben haben. Nichtchristen erwarten nicht, dass Christen perfekt sind. Aber sie dürfen erwarten, dass sie ehrlich sind und zu ihrem Versagen stehen.

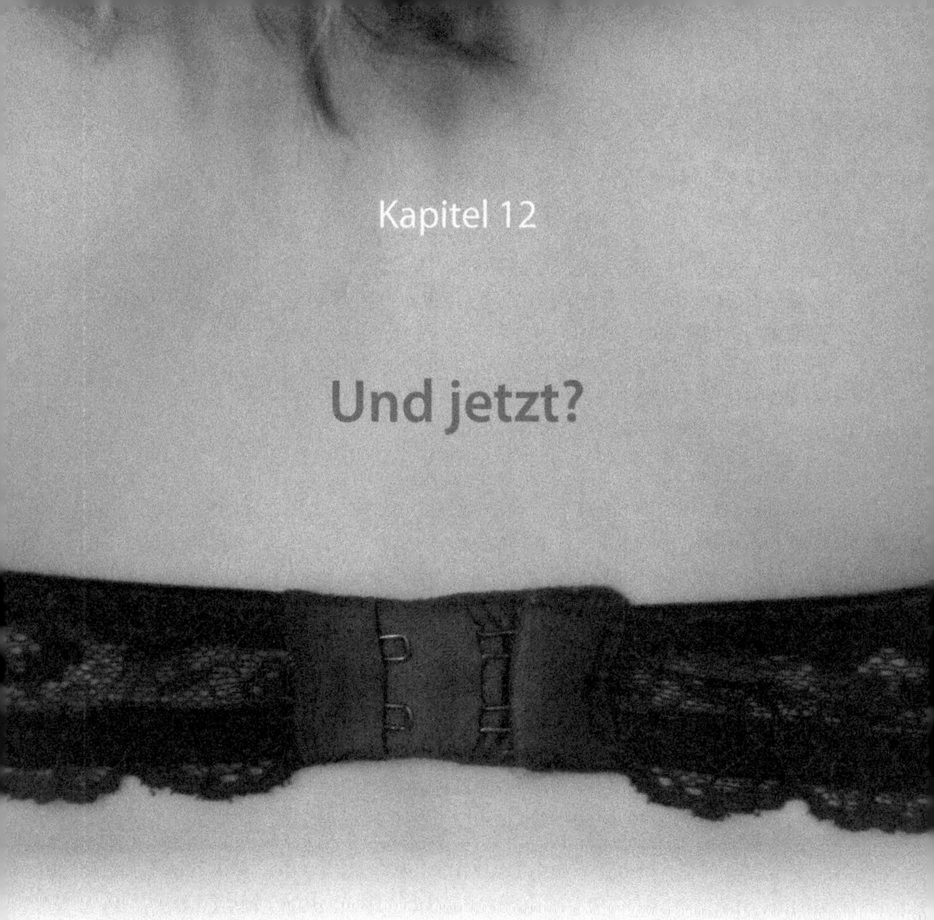

Kapitel 12

Und jetzt?

Ein Film, den ich immer wieder sehr gerne sehe, heißt „Chocolat“[1] – und seine Geschichte passt zu unserem Thema. Der Film beginnt mit diesen Worten:

> „Es war einmal ein kleiner, stiller Ort mitten auf dem Lande in Frankreich. Die Menschen dort glaubten an *Tranquilité* – an Ruhe. Jeder, der in diesem Ort lebte, wusste, was von ihm erwartet wurde. Jeder wusste, was er zu tun und zu lassen hatte. Und vergaß man es einmal, gab es stets jemanden, der einen daran erinnerte. Wenn man etwas sah, das man nicht sehen sollte, so lernte man wegzusehen. Und wurden Hoffnungen einmal enttäuscht, lernte man, sich niemals zu beklagen. In guten wie in schlechten Zeiten, in mageren und fetten Jahren hielt sich die Gemeinschaft streng an ihre Gewohnheiten …“

Der Bürgermeister, selbsternannter Sittenwächter der Stadt, wird mit folgenden Sätzen eingeführt:

> „Der Comte de Reynaud studierte die Geschichte und war deswegen ein geduldiger Mensch. Er baute auf das Wissen früherer Generationen. Wie seine Vorfahren wachte er über diesen Ort und ging mit gutem Beispiel voran – mit Fleiß, Bescheidenheit und Selbstdisziplin."

Was der Bürgermeister jedoch zu verheimlichen versucht, ist, dass ihn seine angeblich auf Reisen gegangene Frau in Wirklichkeit verlassen hat. Offenbar hat sie es mit diesem Musterbeispiel eines Pharisäers nicht mehr ausgehalten. Aber er ist nicht der Einzige, der etwas zu verbergen hat. Schnell wird dem Zuschauer klar, dass das ganze Leben dieses Dorfes auf Heuchelei, Verzicht, Fassade und oberflächlicher Religion aufgebaut ist. Der Bürgermeister korrigiert und schreibt die Predigten um, die der junge Priester am Sonntag zu predigen hat – und in denen es allzu oft darum geht, den fleischlichen und sündigen Lüsten zu entsagen.

Da bricht die junge Vianne mit ihrer noch dazu unehelichen Tochter Anouk in die dörfliche Idylle ein und eröffnet dort eine Chocolaterie – mitten in der Fastenzeit. Nach anfänglichem Zögern öffnen sich die Dorfbewohner dieser Form kulinarischer Sinnesfreuden. Der Bürgermeister hingegen führt fortan einen Privatkrieg gegen die unerwünschte Mitbürgerin, die mit ihrer unkonventionellen Art an der Fassade des Dorfes kratzt. Sie gewinnt Freunde: Die Frau des Café-Besitzers, die ihren Mann verlässt, weil er sie fortwährend verprügelt. Die Mutter der Bürgermeister-Sekretärin, Armande, die sich dagegen wehrt, in ein Altersheim abgeschoben zu werden. Auch ihr kleiner Enkel Luc, ein kunstbegabter Junge, dessen Zeichnungen aber nicht in das Denkmuster der Dorfbewohner passen. Als Vianne sich dann noch mit Fluss-Nomaden anfreundet, die mit ihren Booten von Dorf zu Dorf fahren, eskaliert die Situation …

Ich will nicht zu viel verraten, aber der Film ist meisterhaft gespielt und stellenweise sehr emotional. Zudem hat er ein Happy-End: Stück für Stück siegt die Lebensfreude über die toten und starren Fesseln. Zum Schluss kann sogar der Bürgermeister den süßen Angeboten der Chocolaterie nicht mehr widerstehen. Und der junge Priester predigt am Ostersonntag seine erste Predigt, die nicht vom Dorfchef redigiert wurde. Er sagt dabei: „Ob wir gute Menschen sind, misst keiner daran, ob wir irgendetwas unterlassen, ob wir auf etwas verzichten, wem wir widerstehen und wen wir ausschließen. Ich denke, Güte misst sich daran, ob wir jemanden anerkennen, ob wir etwas erschaffen und ob wir jemanden bei uns aufnehmen."

Mir gefällt der Kommentar der Sprecherin bei dieser Szene:

> „Es war sicherlich nicht die feurigste Predigt, die Père Henri jemals gehalten hatte, auch nicht die wortgewaltigste. Aber die Gemeinde verspürte an jenem Tag ein neues Gefühl. Ein Gefühl des Lebens. Eine Befreiung von der alten *Tranquilité*. Sogar der Comte de Reynaud fühlte sich auf seltsame Weise erlöst."

Vielleicht will ich mit diesem Buch auch so eine Art „Störenfried" sein, der die Rechte unseres verklemmten Erbes infrage stellt, ja, sogar aktiv attackiert. Die Dorfbewohner in dem Film mussten erst lernen, dass Schokolade keine Sünde ist und dass Gott es gerne sieht, wenn wir mit allen Sinnen genießen können. Allen voran der Bürgermeister musste erkennen, dass ihn sein Verzichts- und Entsagungswahn zu einer Karikatur des Menschen gemacht hatte, der er in Gottes Augen eigentlich sein sollte. Er schaffte die Wende – und du schaffst sie auch. Aber nur, wenn du es willst.

Dieses letzte Kapitel ist für die geschrieben, die sich nicht mit der Aufnahme interessanter Informationen zufriedengeben wollen. Es ist für die geschrieben, die „Und jetzt?!?" fragen. Für solche, die nicht an Zufälle glauben, sondern an das Wirken Gottes in ihrem Leben. Denn dass du dieses Buch bis hierhin gelesen hast, ist kein Zufall. In diesem letzten Kapitel möchte ich Tipps und Hinweise für Leserinnen und Leser in unterschiedlichen Situationen geben:

- Du hast keine sexuellen Probleme – alles ist okay bei dir.
- Du hast ein verklemmtes Erbe empfangen.
- Du bist mit einem solchen „Erben" verheiratet.
- Du bist noch unverheiratet.
- Du bist Pastor oder Seelsorger.

Du hast keine sexuellen Probleme – alles ist okay bei dir

Herzlichen Glückwunsch! Viele würden gerne mit dir tauschen. Da du jedoch bis hierhin gelesen hast, findest du das Thema offenbar trotzdem interessant. Vielleicht hat dir das eine oder andere Kapitel schon Impulse geben können, um deine gute Beziehung noch besser zu machen. Das würde mich freuen. Vielleicht gibt es aber auch Menschen in deinem Umfeld, von denen du glaubst, dass sie die Botschaft dieses Buches gut gebrauchen könnten. Dann gib es doch weiter oder schenke den Betroffenen ein eigenes Exemplar, in dem sie Passagen markieren und sich Notizen machen können. In Abwandlung eines Liedes von Manfred Siebald möchte ich formulieren: „Wer das Wasser in der Wüste kennt und es weitersagt, der hat Anteil daran, wenn Durstige und Ausgetrocknete sich erfrischen, wieder zu Kräften kommen, wieder leben." Das „Wasser in der Wüste" ist hier übrigens das einfache Wort Gottes. In meinem Buch habe ich versucht, fast nichts anderes zu tun, als dieses Wort zu nehmen und zu erklären. Denn je näher wir an der Bibel bleiben, umso näher bleiben wir an Gott selbst.

Du hast ein verklemmtes Erbe empfangen

Ebenfalls herzlichen Glückwunsch! Du hast das richtige Buch gelesen. Die vielen Tipps, Empfehlungen, Erfahrungen und Anleitungen haben dir sicher bereits geholfen. Wenn ich an dieser Stelle die Basis nochmals hervorheben möchte, dann deshalb, weil ich sie für so entscheidend halte.

Es geht um das Ablegen des verklemmten Erbes durch

- Erkennen,
- Benennen,
- Bekennen/Bereinigen,
- Brechen,
- Umkehren durch praktische Schritte.

Der wichtigste und für viele auch schwerste Schritt ist der erste: zu *erkennen*, „Ja, mir wurde ein verklemmtes Erbe angehängt, ich wurde fehlgeprägt, meine Familie ist durch dieses Erbe belastet, es muss sich bei *mir* etwas verändern!“

Zum Punkt *Benennen* verweise ich auf das erste Kapitel, in dem ich die Notwendigkeit beschrieb, Schuld beim Namen zu nennen, ohne im gleichen Zuge den Verursacher zu rechtfertigen. Noch mal: Du heilst Verletzungen nicht dadurch, dass du versuchst, den Verletzenden zu entschuldigen. Die erste Handlung, wenn du von einer seelischen Verletzung geheilt werden willst, ist, die Verletzung als schuldhafte Handlung zu benennen. Solange du versuchst, den Verletzenden zu entschuldigen („… er konnte selbst nichts dafür … er hatte selbst so eine schwere Kindheit … er hat es ja eigentlich gar nicht gewollt …“), solange bleiben dir die Türen zur Heilung verschlossen.

Mit dem Begriff *Bekennen/Bereinigen* fasse ich alle Handlungen zusammen, die mit Buße, Umkehr und Vergebung zu tun haben:

- das Bekennen der Schuld vor Gott und den betroffenen Menschen,
- das Empfangen von Gottes Vergebung dafür,
- das Zusprechen von Vergebung für die, die an mir schuldig geworden sind (das geht sogar, wenn diese Menschen gar nicht mehr leben oder es aus anderen Gründen nicht möglich oder angebracht ist, ihnen das persönlich zu sagen) und
- die Bitte um Vergebung an die, die ich verletzt habe.

Ein Neuanfang ohne vorherige, gründliche Bereinigung ist wie ein dreckige Wunde, die ich verbinde, ohne sie sauber zu machen: Das Problem ist vorerst nicht mehr sichtbar, wird aber ganz sicher wiederkommen.

Unter *Brechen* verstehe ich die bewusste, ausgesprochene und am besten schriftlich fixierte Distanzierung – einerseits vom verklemmten Erbe der Vorfahren, andererseits vom eigenen Fehlverhalten. Von Herzen (!) ausgesprochene Worte im Sinne von „Ich breche damit … ich distanziere mich davon … ich will damit nichts mehr zu tun haben …“ haben ihre Wirkung in der unsichtbaren Welt. Es ist ratsam, diesen Schritt von einem erfahrenen Seelsorger begleiten zu lassen. Ebenso ratsam ist es, sich zu vergewissern, dass dieser Seelsorger nicht selbst ein Hüter des verklemmten Erbes ist. Wenn du nicht sicher bist: Gib deinem Seelsorger dieses Buch zu lesen und frage ihn, was er vor allem von Kapitel 6 und 9 hält. Entscheiden musst du dann alleine.

Zu dem Punkt *Umkehren* durch praktische Schritte hast du in diesem Buch reichlich Material zur Verfügung. Denn die Echtheit einer Umkehr zeigt sich immer in der Praxis. Dazu ist es notwendig, ganz bewusst die früher erlernten und praktizierten Mechanismen in deinem Leben zu erkennen und Stück für Stück durch göttliche Gewohnheiten zu ersetzen.

Du bist mit einem solchen „Erben“ verheiratet

Nein, diesmal keinen herzlichen Glückwunsch. Im Gegenteil. Aber noch ist nichts verloren. Bei einer Hochzeit hörte ich einmal, wie der Pastor in der Trauformel folgende Frage stellte: „Bist du bereit, deinen Ehepartner als Gabe und Aufgabe von Gott anzunehmen?“ Das verklemmte Erbe gehört zu den Aufgaben, nicht zu den Gaben. Was also sollst du tun? Vielleicht denkst du ja: „Das, was in diesem Buch steht, muss auch mein Ehepartner unbedingt erfahren!“, und willst ihm das Buch sofort weitergeben. Ich bin mir nicht sicher, ob das immer eine so gute Idee ist. Denn das kann eine Verteidigungshaltung auslösen. Die Gefahr ist einfach da, dass dein Ehepartner diesen Vorstoß als Angriff auffasst und sofort zum Gegenangriff übergeht. Ich weiß von einer Ehe, die durch solch einen Gegenangriff beinahe zerbrochen wäre! Und was nützt es dir, wenn nachher alles in Scherben liegt, du aber sagen kannst: „Ich hatte recht!“? Je nachdem also, wie eure Beziehung aussieht, könntest du der ungeeignetste Mensch auf der Welt sein, um dieses Buch an deinen Ehepartner weiterzugeben. Und wenn du jetzt vielleicht überlegst, heimlich einen geeigneten Überbringer zu organisieren: Du merkst sicher selbst, dass darauf kein Segen liegt. Ich rate also in solchen Situationen zu sehr viel Fingerspitzengefühl.

Vor allem aber rate ich dazu, dass du etwas noch Wichtigeres und Entscheidenderes tust – nämlich beten. **Gebet kann selbst dort etwas bewirken, wo Worte nur noch Fronten aufbauen würden.** Es tut oft weh, wenn man mitansehen muss, dass betroffene Ehepartner es nicht auf die Reihe bringen, regelmäßig für ihren Partner zu beten, ihn zu segnen, Gutes über ihn im Gebet auszusprechen, Veränderung für ihn (und auch das eigene Herz!) zu erbitten und die eigene Ehe regelmäßig und dauerhaft im Gebet vor Gott zu bringen. Was könnte sich dadurch alles verändern! Aber manche schaffen es offenbar nicht. Immer wieder lassen sie sich durch Rückschläge, eigenes Unvermögen oder Streitsituationen entmutigen. Immer wieder resignieren sie und geben auf, weil es – wie sie meinen – „ja doch keinen Zweck hat“. Das Gebet ist bei vielen Christen ein großer Schwachpunkt. Ich kenne kaum welche, die mit ihrem Gebetsleben rundum zufrieden sind, und ich gehöre leider auch nicht zu dieser Gruppe. Dabei ist dieser Punkt für eine Ehe von solch entscheidender Bedeutung.

Ich kann von einem Paar berichten, dessen Ehe eine sehr tragische Komponente hatte. Ich habe nur wenige Ehepaare erlebt, die sich so optimal ergänzt hätten wie diese beiden. Die geistliche Einheit stimmte, charakterlich waren beide treue und verlässliche Menschen, sie teilten eine gemeinsame Vision und hatten beide außergewöhnliche Begabungen, die sie sogar für die vollzeitliche Arbeit im Reich Gottes befähigt hätten. Doch durch den falschen Umgang der beiden mit dem verklemmten Erbe wurden viele dieser positiven Dinge lange Zeit neutralisiert, blockiert und mit Bitterkeit zugedeckt. Und mangelndes Gebet spielte dabei eine große Rolle.

Du kannst es besser machen! Mein Rat also: Beten, beten und nochmals beten. Und wenn dein Ehepartner und du euch gemeinsam dazu entschließen könnt, gute Eheberatung in Anspruch zu nehmen und dieses Thema mit externer Hilfe anzupacken – umso besser. Auch hier ist es ratsam, sich vorher zu vergewissern, dass ein Seelsorger nicht selbst Hüter des verklemmten Erbes ist (siehe voriger Punkt).

Du bist noch unverheiratet

Jetzt wieder: Herzlichen Glückwunsch! Denn du hast noch die Chance, all das besser zu machen, was andere falsch gemacht haben. Wobei es auch bei dir nicht ohne Fehler abgehen wird, aber das macht nichts. Keiner ist vollkommen. Irren ist menschlich, Vergebung ist göttlich. Was also kann ich dir an guten Hinweisen mit auf den Weg geben?

Zunächst einmal ist es wichtig, sich vor der Ehe gründlich vorzubereiten. Hierzu gibt es gute Bücher und auch Ehe-Vorbereitungskurse, für die es sich lohnt, auch mal ein paar Kilometer Weg auf sich zu nehmen. Dein/e Geliebte/r sollte dir das wert sein! Denn auch in Sachen Ehe ist noch kein Meister vom Himmel gefallen. Und nicht alle Fehler muss man selber machen. Wer wirklich klug ist, weiß, dass er nicht alles weiß und von anderen lernen kann.

Ich finde es übrigens gut, wenn junge Christen auf vielfältige sexuelle Erfahrungen vor der Ehe verzichten und sich für ihren geliebten Partner aufheben wollen, ganz im Sinne von „Wahre Liebe wartet". Ich weiß aber ebenso, dass das ein riesiges Spannungsfeld ist: Einerseits sollst du nicht als blauäugiger Naivling in die Ehe gehen. Du sollst und musst dich vorher mit den Themen Sex, Zärtlichkeit und auch ganz praktischen Aspekten wie Verhütung und Familienplanung beschäftigen. Andererseits bedeutet jede Beschäftigung mit diesem Thema auch immer die Gefahr, es bis zur Ehe dann doch nicht abwarten zu können (insofern man diesen Anspruch hat). Wenn du es schaffst, gut so! Aber angesichts vieler, die bei diesem Thema schon baden gegangen sind, gebe ich heute (im Gegensatz zu früher) lieber den „Erlauber“: besser Sex mit dem/der Verlobten, als naiv und dumm in die sexuelle Ehebeziehung zu stolpern – und dann erst das verklemmte Erbe präsentiert zu bekommen. Mancher Gemeindeälteste möchte mich jetzt wahrscheinlich steinigen. Aber ich plädiere eher für einen offenen Umgang mit diesem Thema als für pharisäerhafte Ignoranz gegenüber den Nöten, die junge Christen heute haben. Dass ich damit nicht Sex mit jedermann proklamiere, ist im Verlauf des Buches hoffentlich deutlich geworden. Denn ich weiß um Gottes schützenden Rahmen für guten Sex. Ich weiß aber auch um die Versuchbarkeit von uns Menschen – und darum, dass wir einen Hohepriester haben, der mit uns fühlen kann. (Lies dazu Hebräer 4,14–16.) Mehr möchte ich in diesem Buch nicht dazu schreiben.

Wenn dir das Thema Sex und Zärtlichkeit in deiner künftigen Ehe wichtig ist, dann solltest du in einer Beziehung von Anfang an auf Alarmsignale achten. Ein junger Mann erzählte mir einmal, dass er diese Signale bei seiner Freundin schon früh wahrnahm, dem aber keine Bedeutung beigemessen hatte. Es fing schon in dem Augenblick an, als er ihr seine Zuneigung ausdrückte und sie diese erwiderte. Als er ihr zum Abschied mit der Hand kurz über die Wange streichen wollte, wich sie zurück und ließ es nicht zu. Ihre Beziehung war kaum ein paar Minuten alt – und das erste Zeichen der Ablehnung war schon da. Nach ihrer Heirat sollten viele folgen. Der junge Mann fuhr fort: „Wenn wir vor der Ehe miteinander geschlafen hätten, dann hätten wir nie geheiratet. Diesen Krampf hätten wir uns beide nicht angetan.“ Nach vielen Gesprächen sah er aber auch ein, dass sie dann auch nicht die wunderbaren Kinder hätten, die eben nur sie beide bekommen konnten. Deshalb sollte man mit „hätte, wäre, wenn“ vorsichtig umgehen. Ich plädiere für ein Achten auf Alarmsignale und eine angemessene Reaktion darauf (z. B. ein offenes Gespräch in seelsorgerlicher Begleitung). Ich plädiere nicht für einen „Probelauf um jeden Preis“, weil ich weiß, dass so etwas eine Beziehung auch zerstören oder zumindest in Mitleidenschaft ziehen kann. Es bleibt dabei: Für den Umgang mit deiner Sexualität bist ganz alleine du in Verantwortung vor Gott zuständig, niemand sonst.

Du bist Pastor oder Seelsorger

Erneut kann ich gratulieren – zu einer der wichtigsten Berufungen und Aufgaben, die es auf diesem Planeten gibt. Gleichzeitig hast du damit ein gerütteltes Maß an Verantwortung. Jakobus 3,1 sagt: *„Werdet nicht viele Lehrer, meine Brüder, da ihr wisst, dass wir ein schwereres Urteil empfangen werden!“* Das sind ernste Worte. Der Multiplikator muss besonders auf die richtige Ausrichtung achten, weil sich viele an ihm orientieren. Falsche, unbedachte Beratungen können zu bleibendem Schaden bei Menschen führen. Ist ein Seelsorger selbst nicht frei vom verklemmten Erbe, wird sich das auf seine Ratsuchenden auswirken.

Ein Mann berichtete mir Trauriges über Seelsorger. Der erste Pastor, der seine Frau und ihn beriet, hatte selbst eine kaputte Ehe, die kurz darauf zerbrach. Er war der denkbar ungeeignetste Berater, der die beiden hätte betreuen können – aber er war ihr Pastor und somit „zuständig“. Weiter berichtete er mir über ein Trauma-Erlebnis bei einer anderen seelsorgerlichen Beratung. Ein Ehepaar sagte ihm allen Ernstes in Gegenwart seiner Frau, nur er habe sich zu verändern. Wenn er nur seine Hausaufgaben machen würde, dann würde alles bei seiner Frau wie von selbst gehen. Sie selber müsse gar nichts tun. Fehlverhalten und Handlungsbedarf wurden ausschließlich bei ihm ausgemacht. Die goldene Regel, dass für eine Ehe-Schräglage niemals nur einer alleine die Verantwortung trägt, wurde von diesen Seelsorgern völlig ignoriert.

Ich selbst erlebte auf einem Seminar, dass der Seminarleiter (Vollzeit-Mitarbeiter einer christlichen Organisation) nichts als Unverständnis für einen Ratsuchenden übrig hatte, der unter sexueller Unterversorgung durch seine Frau litt. Der Leiter speiste ihn mit ein paar Floskeln ab und verweigerte ihm sogar eine angefragte Eheberatung mit seiner Frau bei ihm oder anderen Mitarbeitern. Wohlgemerkt: Das war ein ausgebildeter Vollzeit-Mitarbeiter! Nur war er nicht in der Lage, sich über sein offensichtliches Missbehagen gegenüber dieser Thematik zugunsten einer objektiven Beratung hinwegzusetzen.

Mein Tipp also an dich als Pastor oder Seelsorger: Du hast dieses Buch bis hierhin gelesen. Wenn deine Beratungen bislang zu einseitig waren und biblische Fakten, die dieses Buch beschreibt, außer Acht gelassen haben: Ändere das und bemühe dich um Ausgewogenheit. Du weißt jetzt so viel über das verklemmte Erbe, dass du es nicht mehr ignorieren solltest. Beziehe deine neuen Erkenntnisse in deine Beratungen mit ein. Setze einen Gegenpol zu der aus meiner Sicht nicht geringen Anzahl von einseitigen und genau aus diesem Grund unqualifizierten Seelsorgern. Sei ein Wegweiser – hinaus aus Verklemmtheit und Prüderie, hin zu Sex nach Gottes Vorstellungen.

Ausblick

Wie wird es mit der Entwicklung der Gesellschaft in Sachen Sex weitergehen, und was haben die Christen damit zu tun? In einem Fernsehbericht meine ich Hinweise für einen Ausblick gefunden zu haben: „Heute nicht, Schatz – Lust und Frust im Fokus der Wissenschaft".[1] In diesem Beitrag kommt u. a. der bekannte Psychologe und Sexualtherapeut Professor Dr. Uwe Hartmann[2] von der Medizinischen Hochschule Hannover zu Wort.

Die Macher dieses Films gehen das Thema offen an: Nach 50 Jahren Pille ist es an der Zeit zu fragen, was die Trennung von Sex und Fortpflanzung mit uns angestellt hat. Ticken wir in der Partnerwahl immer noch wie unsere Vorfahren – oder hat unser Gehirn schon auf Sex ohne Verantwortung umgestellt? Eine interessante Frage. Viel mehr noch machte mich Folgendes stutzig: Trotz sexueller Revolution, trotz Aufklärung und Aufhebung vieler Tabus stellen Forscher verstärkt Lustlosigkeit zwischen Männern und Frauen fest, sexuelles Desinteresse, das es im Tierreich nicht gibt. Was ist los mit uns Menschen? Wissenschaftler suchen demzufolge nach Gründen und nach Lösungen für die Flaute im Bett und verfügen sogar über Zahlen zu sogenannten „Low Sex"- und „No Sex"-Paaren. Sie stellen fest, dass fehlender Sex oft ein Auslöser für Partnerschaftsprobleme ist – und Sex an sich ein nicht unwesentlicher Faktor für die Stabilität einer Beziehung! Das Thema wird von verschiedenen Seiten angegangen, von denen ich nur die wichtigsten nennen möchte.

Zunächst zum Mann: Dass der Mann immer kann und immer will, ist längst als Mythos entlarvt. Ein Pornografie-Versuch im Labor, bei dem sich Probanden pornografische Filme anschauten, zeigte: Je häufiger und ausgefallener die sexuelle Darstellung, umso größer ist der Leistungsdruck, vor dem der Mann einfach kapituliert. Über Lustmangel klagen inzwischen mehr als 16 % der Männer. Infolge von Stress, Müdigkeit und Energiemangel sind viele nicht mehr motiviert, in Erotik zu investieren. Da ist es doch einfacher, sich schnell einen Film reinzuziehen.

Bei den Frauen ist das Problem der fehlenden Lust komplexer. Sie sind atmosphärischer veranlagt und reagieren stärker auf sexuelle Reizüberflutung. Zwei Drittel haben oft keine Lust auf Sex, ein Zustand also, welcher der biblischen Beschreibung des Hoheliedes widerspricht. Woran liegt das?

Nun kann uns die Wissenschaft nicht auf alles eine Antwort geben, aber manche Dinge sind in der Tat objektiv nachweisbar, etwa die Tatsache, dass die Liebe sehr robust ist. Paare, die nur leidenschaftlichen Sex haben, aber sonst nichts, bleiben in der Regel nur kurzfristig zusammen. Eine gute Beziehung braucht mehr als das, nämlich – Liebe. Die Liebe kann Dürreperioden gut überstehen, aber dann braucht sie auch wieder dieses Feuer. **Entscheidend fand ich jedoch die Feststellung, dass die Pornografisierung und Übersexualisierung unserer Gesellschaft verheerende Auswirkungen hat.** Eine Welt voller Bilder von Sex und Nacktheit – welche Auswirkungen hat das auf unseren Alltag? Was stellt der permanente inszenierte Sex mit uns an? Vor allem unser Verhältnis zur Intimität wird auf eine harte Probe gestellt. 81 % aller Deutschen konsumieren regelmäßig Pornos, aber nicht 81 % aller Deutschen haben regelmäßig Sex. Die Grenze zwischen Intimität und Öffentlichkeit wird durch die Webcams aufgehoben. Der Filmbericht zeigt schließlich einen Sexspielzeughersteller mit Laden und Ausstellung mitten in Berlin, in dem sich viele amüsierte Durchschnittsmenschen ungeniert die neuesten Dildo-Kreationen anschauen – Sinnbild für „das Ende der Scham". Sex ist in der Mitte der Gesellschaft angekommen.

Gegner christlicher Werte mögen das schon als Ende der Prüderie und Sieg der freien Lustentfaltung rühmen. Doch selbst die Wissenschaftler kommen zu einem anderen Schluss. Es gibt zwar mehr Stimulation als je zuvor, aber dennoch zu wenig Lust und zu viel Frust. Hier wird klar, dass Sex ohne Liebe, ohne Beziehung, ohne Verantwortung in der Sackgasse landen muss. Liebe, Beziehung, Verantwortung – alles Eigenschaften, die Gott für die Ehe vorgesehen hat, wo Sex nicht nur kurzfristige, sondern langfristige Erfüllung bringen soll. Ein Test mit labortechnisch analysierten Paar-Orgasmen bestätigt die göttlichen Absichten, die er den Menschen mit gutem Sex schenken will: **Nur beim echten Orgasmus mit Nähe und Intimität wird so viel des Hormons Prolaktin ausgeschüttet, dass wir über mehrere Tage glücklich und entspannt sein können.** In dem beachtenswerten Artikel „Höhere Zufriedenheit durch partnerschaftlichen Sex"[3] untermauert und vertieft Professor Hartmann übrigens diese Ergebnisse.

Das heißt, dass alle fragwürdigen Spielarten und Perversitäten, die der Sex-Markt zu bieten hat, vielleicht einen kurzfristigen „Kick" erzeugen können, aber kein langfristiges Glück. Gott hat seine Menschen schon genial konstruiert. Schön, dass das mehr und mehr durch wissenschaftliche Erkenntnisse untermauert wird.

Mein Ausblick also? Je mehr die Menschen ihre Erfüllung im „verantwortungs-losen" Sex außerhalb der Ordnungen Gottes suchen, umso unbefriedigter und verzweifelter werden sie. Das Ende der geschützten

Intimität brachte nicht die sexuelle Befreiung, sondern versklavte in Lust- und Erfüllungslosigkeit. Mit dem Entfernen vom göttlichen Original war man zwar endlich „Gott los“, aber damit auch seine Geschenke, die er in echte, gute, intime, lust- *und* verantwortungsvolle Sexualität hineingelegt hat. Eine Welt erstickt in Lustüberflutung bei gleichzeitigem Liebesmangel. Der Zugang zur dauerhaften Erfüllung für einen der stärksten menschlichen Triebe und Lebensenergien scheint verstellt. Und dieser Prozess wird fortschreiten.

Was heißt das für Christen?

Zum einen ist es die Bestätigung dafür, dass Gott kein Spielverderber ist, sondern seine guten Ordnungen zum Nutzen der Menschen gegeben hat. Wer sich an Gottes Maßstäben orientiert und jeden Lebensbereich diesem lebendigen Gott anvertraut, kann nur gewinnen! Denn nach der Gebrauchsanweisung für ein technisches Gerät würden wir ja auch den Hersteller fragen und nicht die Konkurrenz. Wie viel mehr gilt das bei dem kompliziertesten und geheimnisvollsten Wesen, das je geschaffen wurde – dem Menschen!

Das ist eine Botschaft, die Enttäuschte und Suchende brauchen. Und die Zahl dieser Menschen wird zunehmen, je weiter sich die Welt von Gott entfernt. Glaubwürdig vertreten werden kann diese Botschaft jedoch nur von Christen, die nicht nur die Theorie kennen, sondern die Praxis *leben*. **Fakes, Täuschungen, Fälschungen, Unechtheit, Lügen und Betrug haben Menschen in der Welt genug – dafür brauchen sie keine Christen und keine Gemeinden!** Wenn die Gemeinde jedoch auf die Kernfragen und -probleme der Menschen eine glaubwürdige Antwort geben will, muss sie so manches ungute Erbe ablegen:

- Sie muss das Erbe des Materialismus ablegen, um eine Ewigkeitsperspektive zu eröffnen.
- Sie muss das streitsüchtige Erbe ablegen, um zu echtem Frieden zu führen.

- Sie muss so manche toten Traditionen ablegen, um echte Freude zu vermitteln.
- Sie muss das Erbe des Stolzes und der Bitterkeit ablegen, um Vergebung und Versöhnung zu leben.
- Sie muss das Erbe der Ablehnung und Ausgrenzung ablegen, um Annahme und Geborgenheit zu geben.
- Sie muss das Erbe der Falschheit und Heuchelei ablegen, um Echtheit und Authentizität auszustrahlen,
- und sie muss das verklemmte Erbe ablegen, um Menschen in echte und dauerhafte sexuelle Erfüllung auf dem Boden der guten Ordnungen Gottes hineinzuführen.

Mein Wunsch und mein Gebet ist, dass ich mit diesem Buch einen kleinen Beitrag dazu leisten konnte. Dann war es aller Mühe wert.

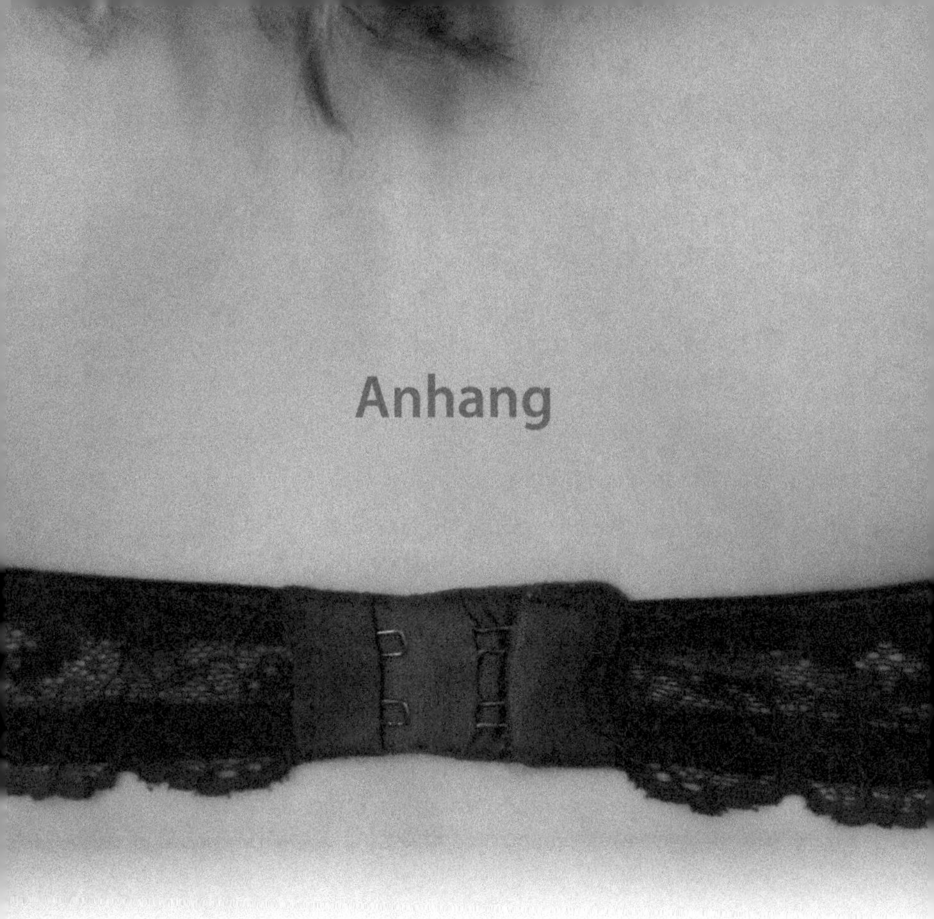

Anhang

Zwei Checklisten

Du kannst nur zu einer guten, erfüllten Sexualität finden, wenn du verkehrte Einstellungen *erkennst*, negative Erfahrungen *verarbeitest* und überzogene und falsche Erwartungen *ablegst*. Damit dir das noch besser gelingt, hier eine Zusammenfassung der wichtigsten Fragen zu deiner Sexualerziehung und Historie sowie eine Auflistung der häufigsten Sex-Saboteure.

Zehn Fragen, die man sich hinsichtlich der eigenen Sexualerziehung und der persönlichen sexuellen Vergangenheit stellen sollte:

1. Wie wurde im Elternhaus über Sexualität gesprochen (oder geschwiegen)?
2. Wie war der Umgang der Eltern in Sachen Sex?
3. Wer hat dich aufgeklärt?
4. Mit welcher Haltung und welchem Unterton wurden dir diese Erstinformationen zur Sexualität gegeben?
5. Wie war es
   a) im Kindergarten?
   b) in der Schule?
   c) im Freundeskreis?
   d) in der Familie und Verwandtschaft?
6. Was waren deine ersten sexuellen Erlebnisse? (Deine ersten Erlebnisse mit Sex haben oft prägende Auswirkungen auf dein weiteres Leben.)
7. Welche Erfahrungen hast du mit Pornografie gemacht?
8. Hast du Missbrauch erlebt?
9. Welche Erlebnisse haben dich besonders geprägt oder besonders verletzt?
10. Was bestimmt deine heutige Einstellung zur Sexualität?

Die häufigsten Wurzeln für sexuelle Blockaden:

- sexualfeindliche Erziehung
- mangelnde Selbstannahme
- sexueller Missbrauch oder Belästigungen
- falsche Reinlichkeitserziehung („Alles untenrum ist bäh.“)
- zu starke Selbstkontrolle
- mangelndes Vertrauen
- sich nicht fallen lassen können
- mangelnde Ablösung vom Elternhaus
- Klischees und Rollenerwartungen
- Abhängigkeit von Pornografie
- zwanghafte Selbstbefriedigung
- Perversion
- Ehebruch
- Ängste (z. B. vor ungewollter Schwangerschaft)
- Schmerzen beim Geschlechtsverkehr
- Probleme mit dem Partner
- Machtkämpfe und Machtmissbrauch im Zusammenhang mit Sex

Denk dran: In 1. Mose 1,31 sah Gott alles an, was er gemacht hatte, und es war „sehr gut“. Dieses Prädikat bezog sich natürlich auch auf die Erschaffung des Menschen nach dem Bilde Gottes, als Mann und Frau (wörtlich: „männlich und weiblich“), also als sexuelle Wesen – nachzulesen in Vers 27.

Das heißt: Gott will, dass wir uns auch bei unserer Sexualität nicht mit weniger zufriedengeben als mit dem, was „sehr gut“ ist.

Quellennachweis

Kapitel 2 – Die Geschichte der Prüderie

1 Röhl, Klaus Rainer: Die verteufelte Lust. Die Geschichte der Prüderie und der Unterdrückung der Frau. Verlag Hoffmann und Campe, 1. Auflage 1983.

2 http://de.wikipedia.org/wiki/Klaus_Rainer_R%C3%B6hl (7.7.2011).

3 Röhl: Die verteufelte Lust, S. 27.

4 ibd.

5 ibd., S. 28/29.

6 ibd., S. 31–33.

7 ibd., S. 34.

8 ibd., S. 38.

9 ibd., S. 279 (Fußnote 2).
10 ibd., S. 40.
11 ibd., S. 52.
12 ibd., Kapitel „Jesus und die Sexualität", ab S. 71.
13 ibd., Kapitel „Die schillernde Gestalt des Saulus-Paulus", ab S. 81.
14 ibd., S. 113/114.
15 ibd., S. 115.
16 ibd., S. 117.
17 ibd., S. 118.
18 ibd., S. 185/186.
19 ibd., S. 230.
20 ibd., S. 236/237.
21 ibd., S. 286/287.

Kapitel 3 – Christen und Sex – ein Sinnbild für Inkompetenz

1 http://de.wikipedia.org/wiki/Georg_Denzler (31.8.2011).
2 Georg Denzler: 2000 Jahre christliche Sexualmoral (Die verbotene Lust), Genehmigte Sonderausgabe 1997 für Seehamer Verlag GmbH, Weyarn, © R. Piper GmbH & Co. KG, München 1988.
3 ibd., S. 2.
4 ibd., S. 159.
5 Sendung „Alpha & Omega – Kirche im Gespräch" auf „Bibel TV", gesendet am 8.7.2011 um 19.30 Uhr.
6 Denzler, ibd., S. 96.
7 ibd.
8 ibd., S. 97.
9 ibd.
10 Wuppertaler Studienbibel, © 1989 R. Brockhaus Verlag Wuppertal und Zürich, Kommentar zu Lukas 8,19–21, S. 217.
11 http://www.tagesspiegel.de/berlin/kirchenkritiker-eugen-drewermann-katholische-sexualmoral-ist-repressiv/1684384.html.
12 Denzler, ibd., S. 21.

Kapitel 5 – Ein weitverbreiteter Seelsorger-Irrtum

1 http://de.wikipedia.org/wiki/Agape (4.10.2011).
2 http://de.wikipedia.org/wiki/Philia (4.10.2011).
3 http://de.wikipedia.org/wiki/Lebenstrieb (4.10.2011).
4 ADAM ONLINE Nr. 32, September–November 2012, S. 4, Artikel „Der Seitenspringer“, www.adam-online.de.

Kapitel 6 – Wie guter Sex aussehen kann: das Hohelied

1 http://de.wikipedia.org/wiki/Hohes_Lied (4.10.2011).

Kapitel 12 – Und jetzt?

1 *Chocolat – ... ein kleiner Biss genügt!*, Regie: Lasse Hallström, mit Juliette Binoche, Judi Dench, Alfred Molina, Lena Olin und Johnny Depp. Senator Filmverleih.

Ausblick

1 Fernsehbericht *Heute nicht, Schatz – Lust und Frust im Fokus der Wissenschaft*. Ein Film von Katja Herr und Henrike Sandner im Auftrag des MDR. Ausgestrahlt in der ARD, 1.6.2011.
2 Profil und Publikationen von Prof. Dr. Uwe Hartmann: http://www.mh-hannover.de/hartmann0.html (23.7.2012).
3 Fachartikel „Höhere Zufriedenheit durch partnerschaftlichen Sex“ von Prof. Dr. Uwe Hartmann, Hannover: http://krankenpflege-journal.com/sexualitaet/1973-prof-dr-uwe-hartmann-hoehere-zufriedenheit-durch-partnerschaftlichen-sex-.html (23.7.2012).